本物の教養を身につける読書術

Deguchi Hiroshi
出口 汪

もくじ

［序章］

本を読む人だけが成功の芽を育てている

［1章］

本を読む人と読まない人の間に生まれている格差

［２章］

読書が「成功脳」に変える

［3章］

私の読書体験……論理に行きつくまでの体験

［4章］

論理力を身につける読書法

［5章］

ロジカルリーディングで脳力アップする

［６章］

論理力を活用する

［付録］

これだけは絶対に読んでおきたい本

名作ガイダンス50作品

［序章］

本を読む人だけが成功の芽を育てている

加速する読書離れ

読書離れが加速している。

少し前のデータになるが、平成25年度に文化庁が行った「国語に関する世論調査」によると、1か月にまったく本（漫画、雑誌を除く）を読まない人は、全体で47・5%と約半数にも及ぶ。

以前に比べて減っているか、それとも、増えているかとの問いに「読書量は減っている」と答えた人の割合は65・1%と最も高い。これまで読んできた人も次第に読む量が減っていることがわかる。

減ってきたという人を対象にその理由を聞いたところ「仕事や勉強が忙しくて読む時間がない」の割合が51・3%と最も高かった。次いで「視力などの健康上の理由」（34・4%）、「情報機器（携帯電話、スマートフォン、タブレット端末、パソコン、ゲーム機等）で時間が取られる」（26・3%）と続く。

忙しさを理由に読書ができなくなっている人が増えているのだ。

ここ数年政府が働き方改革を推進していることで、平成30年度のデータでは多少の動きがあるかもしれない。

だがその前の調査結果（平成20年度）と比較すると、「情報機器（携帯電話、スマートフォン、タブレット端末、パソコン、ゲーム機等）で時間が取られる」の割合が12ポイント高くなっている。自由な時間が増えても、読書離れの傾向はこれからも進んでいくことが予想される。

インターネットの情報メディアの発達と普及が、人間から読書の時間を奪っていることはおそらく誰もが思い当たるだろう。

世の中はすっかりネット社会に変わった。ネットからは日々、あふれるほどの情報が流れてくる。本など読まなくても、ネット情報だけで様々なことがわかるようになった。人々の生活から、本を読まなければならないシチュエーションは、ほとんどなくなっている。

興味深いのは、1か月の間に1冊でも読んでいる人と、1冊も読まない人との意識の違いである。

「自分の読書量を増やしたいと思うか」との質問に、1か月で1冊以上本を読んでいる人の77・1%が「そう思う」と回答している。だが1冊も読まない人は、54・5%にとどまっていた。

逆に、「増やしたいとは思わない」との回答は、読んでいる人では22・6%だったのに対し、読まない人は2倍の44・7%に上っている。

この数値を見る限り、本を読む人と読まない人との差はますます広がっていくことになりそうだ。

ネットの情報で教養は身につくか

ネットには溢れるほどの情報が発信されている。生活をしていく上で必要な情報を誰もが手軽に取れるようになった。では、もう本は読まなくていい社会になったのだろうか。

いや、その逆だ。ネット情報社会になったからこそ、本を読むべきなのだ。

なぜネット社会になっても人は本を読まなければならないのか。

子どもの頃から私たちは、学校の先生や大人から、本を読めと言われて育つ。だから、なんとなく本を読むことはいいことのように思っているが、その実、その明確な理由は聞かされていない。

多くの人は、読書によって知識が得られることを最大のメリットだと思っている。本によって言葉を覚え、知識を得ることが、読書の最もわかりやすいメリットだからだ。

しかしそれだけなら、ネット情報で足りるのだ。ではなぜ今、読書なのか。

本とネット情報では根本的な違いがある。ネット情報というのはまさにタイムリーに流れており、出ては消え、出ては消えの繰り返しである。

だから今この瞬間のことはわかるが、次の瞬間には状況が変わっている。そのため、一つのものを体系的に深く理解することはできない。ネット情報で世の中を知った気になっている人も多いと思うが、残念ながらどれだけ読んでも、次の瞬間にその内容が更新されるため、何もあとに残らないのである。ネット情報をどれだけ取り込んでも、刺激は受けるが、人の記憶や心の中に蓄積されない。

一方、読書は多くの力を人にもたらす。それは「教養」であり、「深い思考力」であり、「言葉の力」だ。ただしこの場合でいう本とは、仕事のハウツーや、その時はわかったような気になる自己啓発本を含むビジネス書や漫画、ライトノベルなどは含まない。

特にビジネス書の類は書店に並んでも、その大半が数か月後にはなくなってしまう。わずか1か月ほどで棚に並んだ本の大半が入れ替わっている。

つまりビジネス書とは基本的に、ネット情報をまとめたものか、あるいはいずれネット情報に置き換わるものだと思っていい。

ここでいう読書とは、名作と呼ばれる文学や哲学書、思想書の類である。

時代を超えてきた言葉は、それだけの力を持っている。つまり深くて普遍的なものなのだ。時代を生き延びてきた言葉に触れている人は、先ほど挙げた「教養」や「深い思考力」、「言葉の力」を自然に身につけている人に違いない。一度身についたものはなくならず、蓄積され、深まっていく。これらを備えている人は、物事の本質を見極める力があるのだ。

したがって今起こっていることに一喜一憂せず、振り回されることがない。今起こっていることから未来を予測し、正確な判断ができる。物事の本質を読み解くからだ。こういう人は、他人から見て魅力的な人物に違いない。

だがネット情報に溺れていると、人が身につけるべきこうした力が養われないのだ。

本を読まないとどうなるのか

ではネット情報があふれる社会の中で、本を読まないとどうなるのか。

まず自分にとって本当に必要な情報がわからなくなる。

ネット情報には、それこそフェイクニュースから、真実を伝える情報まで玉石混交だ。価値のある情報とそうでない情報が、並列で押し寄せてくる。

それらを順番に選んでいくだけでは、何が本当かわからない。間違った情報を真実と勘違いしてしまい、生き方に大幅な誤りをきたしてしまうことになる。

もっと問題なのは世の中に情報が溢れてしまっているため、それらを全て受動的に受け止めてしまい、何も考えなくなってしまうということだ。

知ることは、それだけでは考えることに繋がらない。考えなくても次から次に情報が入ってくるから、常に刺激が与えられ、ものを考えることをしなくなる。

人間は考えることをやめてしまうと、もともと持っていた考える力を失ってしまう。そして無責任に流れてきた情報に振り回されるだけになってしまうのだ。

物事の判断を誤るようになると、次第に人とのコミュニケーションにも支障をきたすようになる。人と話が嚙み合わない。自分の主張が相手に伝わらない。納得してもらえない。そうしたことが続けば、人生をうまくやっていくことができなくなるのは当然だ。

自分で考えなくなると、生きる上で遭遇する様々な問題をうまく解決できなくなる。つまり問題解決能力が低下してしまう。

これはかなり深刻な問題で、今ほど変化の激しい時代に正しい判断ができなければ、自分の人生を生きていく上に置いて、ますます厳しい状況に追い込まれることになる。毎日「物事がうまくいかない」、「成果が出ない」、「人から理解が得られない」と嘆くばかりになるのだ。そうなると、人生は過酷なものになる。

若い人たちが文学作品を読まない真の理由

人が本を読まなくなったのはなぜか。

前にも言ったように一つはネット情報が中心になり、スマホに時間を吸い取られているからだが、それ以上に大きいのが、読めなくなったからだ。

漱石を読めと言っても読めない。だから面白くない。名作と呼ばれる文学作品は文章が難しく、面白いと思えない。面白くないから読むことを諦める。

以前『声に出して読みたい日本語』という齋藤孝さんの本がベストセラーになった。どの世代においても名作を読みたいという願望は日本人の中にあるのだろう。

ところが読めないのだ。名作が漫画化されると売れるのは、原典をひもといても読めないからだと思えばわかりやすい。

関心はあるが読めない。だから漫画化されたものを買う。つまり漫画にしないと読めないのが、今の若者たちの姿に違いない。

もちろん面倒なこと抜きで、読書を楽しむことがあってもいい、ライトノベルや漫画を読むのも読書には違いないし、それが自分の生活を彩る趣味であっても構わない。

しかし読書は単なる趣味の領域を越え、人間の生涯に大きな影響を与える力がある。人間の知的活動はすべて論理という約束事から成り立っている。論理力を身につければ論理的に話すことができるようになり、人の話の筋道を正確に理解することができる。そして正確な日本語を操り、論理的な文章を書けるようになる。論文や企画書、レポートなどでその威力を発揮することだろう。

文章を論理的に読む力や論理的に考え、話し、書く力を磨くことになる。つまり論理力はあなたのコミュニケーション能力をアップすることに繋がる。

それだけではない。発想力、想像力、表現力までをも飛躍的に高めてくれる。もちろん地頭をも鍛えてくれる。すなわち脳の総合力をアップさせることができるのだ。論理力を身につけることは、生涯の強力な武器を授かったのと同じである。その論理力を身につける手段が、読書なのである。

読書によって論理力を身につけることができれば、人生は変わる。なぜならあなたがこれから何かを学んだり習得したりする、重要な基礎となるからである。

論理力を身につければ、何を学ぶにせよ早く効率的に、深く理解することができる。物事が早く身につき、その知識を仕事や生活に生かせるのである。論理力が身についているかどうかによってその人の人生が決まってしまうと言っても過言ではないと私は考えている。

論理力を身につけることは、あなたがもともと持っている能力を存分に発揮できるようになるからだ。それが何を意味するのかといえば、あなたの夢が叶いやすくなるということである。

それほど論理力の有無が人の人生を左右するのである。

読書習慣で「論理力」を養う

名作といわれる著作の文章を読むには論理力が不可欠だ。論理力がなければ、名作は読めないといってもいいだろう。

論理力は名作に触れる中で磨かれるが、最初のところで基礎的な理解を必要とする。その具体的な内容は４章で触れる。

ネット情報しか読んでいない人間が、名作といわれる文学作品を読むと難解に感じるはずだ。教養が身につく本というのは難解なのだ。

つまり名作と言われるものは読む者に想像力を強要する。読者は想像力を発揮し、脳をフル回転させて考えることによって、ようやく著者の主張に対しての理解が得られる。

名作を読むその時、脳の中で何が行われているかというと、著者の主張を論理的に解析しようとするのである。

例えば100年、200年前の人がその当時の言葉で書いてあるものをそのまま読んでも現代人にはすんなりとは理解できない。その当時の生活や文化を念頭に置き、こちらから積極的に理解しに行く作業が必要となる。

だから目で文章を追えば頭の中にすんなり入ってくるようなものではない。一つずつ丁寧に言葉をたどり、筋を追っていくことでようやく理解に達することができる。

読書を重ねるということは、こうした作業を長年にわたって行うことだ。読書家はその営みの中で、自然に論理力を鍛えている。

ところが今、販売されているような本ではそうはならない。マスコミや出版社の方々は、より多く売りたいがために読む力がない人に合わせてわかりやすくしてしまっている。原典が読めないなら、漫画にしようとなる。

こうして若い世代が加速度的に昔の名作や思想書を読めなくなった。そのため思考力や深い洞察力がない。人と議論すること自体、「うざい」と敬遠されるようになってしまった。

だが、名作に触れなければ教養は身につかず、論理力も鍛えられない。

先人の残した言葉の中には、これからを生き抜くヒントがたくさんある。現代のような激動の時代を生きるにはこうした先人の残した名作に触れながら生きるヒントを一つでも多く獲得する必要がある。

それができる人とできない人との間には、大きな格差が生まれるだろう。今こそ各世代に名作を読む読書習慣を持ってもらいたいと思っている。

ロジカルシンキングを習得する

世界がネットで繋がったことで、国境を超えたコミュニケーションが容易になった。だが、育った国が違えば、言語はもちろんのこと、文化や習慣、常識が違う。異なる言語や文化、習慣の中で意思疎通を図るのに必要なのは、語学力だけではない。むしろ語学力のウエイトは低い。

国籍の違う人間と理解し合うためには、論理的な話し方や考え方が基礎となる。それがロジカルシンキングだ。

たとえ語学が堪能でも、ロジカルシンキングができなければ、話に論理性を欠くことになり、相手には理解できない。

グローバル企業で働く人は、このことがよくわかっている。言語は意思表示のための道具なのだ。

外国人に日本人と同じ感覚で、感情や思いつきで話してもまったく通じない。結論から話す、話を簡潔にする、といったことが身についていなければ、国籍の違う人とは理解し合えない。ではどうすればいいのか。論理にかなった順番で話し、論理的な言葉を使ってはじめてわかり合えるのだ。

ロジカルシンキングを学ぶための研修セミナーなどもよく開催されているようだが、短期的な研修でどれだけ身につくのか疑問だ。

なぜなら論理力というのは不断のトレーニングの積み重ねによって身につくものだからである。そのための最良のトレーニングとは何かと言えば、読書である。

なんでも読めばいいかというとそうではない。論理力を身につける上で有効な読み方がある。

多くの情報を刹那的に獲得する読み方や、作品に情感を委ねて、その時々の気分を解放する読み方は間違った読み方ではないし、むしろそれこそが読書の楽しみではある。だがそれだけでは教養は身につかない。

教養を身につけるには名作を読むのが一番だが、その読み方が問題なのだ。私はそれをロジカルリーディングと呼んでいる。

ロジカルリーディングで論理力を養う

ではロジカルリーディングとは何かといえば、筆者の立てた筋道を、あるがままに追うというものだ。

論理とは物事の筋道のことである。文章の筋道をしっかりと読み取るから、あなたはそれを理解し、人に筋道を立てて説明することができるようになる。あるいは理解しているからこそ記録し、蓄積し、またいつでもそれを取り出して活用できるようになる。

例えば、あなたがあるまとまった文章を今読んだとしよう。それをその場で人にうまく説明することができるだろうか。

なんとなく文章を読み、ぼんやりとわかったような気がしているだけの読み方では、人に筋道を立てて説明することはできない。伝える人が頭の中で整理できていないものをどうして他人に理解できるだろうか。

なんとなくという読み方から、文章の筋道を追っていく読み方への交換、これがロジカルリーディングの基本である。その基本が身につけば、あなたの頭の使い方は確実に変わってくるのである。

ロジカルリーディングは文章の理解力を高め、ビジネスパーソンを成功に導く。本書では論理力を身につけるための本の読み方も紹介する。

読むべき本を選び、読み方を整えることによって、論理力は必ず身につく。

大切なことは毎日、本を読む読書の習慣をつくること。電車の中の10分、寝る前の30分。そのわずかな時間を読書に当てることだ。

読書が習慣となり、日々文章の論理構造を追っていけば、自然に教養が身につき、あなたの頭脳も論理的になる。

今は読書をするのにとてもいい時代になった。昔の名作がネットから無料か安価で手に入れることができる、

青空文庫では数多くの文学作品が無料でダウンロードできる。

アマゾンの「キンドル」にいたっては圧巻だ。先日も夏目漱石の全集をダウンロードしたが、しっかりと編集された本、膨大な作品がわずか２００円だった。芥川龍之介も随想、書簡を含めた全集が２００円である。中島敦の作品数で99円だ。

私は学生の頃に、目に留まった作品を片っ端から買いあさっていた時期があった。当時、漱石全集を買うのに10～15万円を払ったと思う。

今もそのために部屋を用意しているのだが、本は重たいし、地震があったら上から落ちてきそうで危ない。かといって捨てるに捨てられない。自宅を三部屋ほど潰しているいる状態だ。それが今は、あの小さなスマホやキンドルの中に、すべて収まってしま

う。しかもどこにでも持ち歩ける。

今、私のキンドルには二万冊ほど入っている。それに費やした経費はわずかに数千円程度だ。

今ほど文学が気軽に楽しめる時代はない。文学を読む楽しみを知れば、一生退屈しない。しかもどんどん教養が深まっていく。こんなにいいことはない。

読書が必要な人とは

ここからは読書が必要な人のタイプを列記していくことにする。

同じ日常の繰り返しになっていないか

同じ日常の繰り返しに陥っている人は、物事を考えていない状態に陥っている可能性がある。何も考えなければ何も変わらない。変えるだけの選択肢を持たないし、そもそも変える必要性を感じない。これは非常に危険なことだ。

私は学生時代までまったく論理のかけらもない、情緒人間だった。

そんな私が論理的な思考に真剣に取り組むようになったのは、大学院に通うようになって、予備校の講師のアルバイトを始めたのがきっかけだ。

先輩に紹介された予備校で、国語の授業の教壇に立つことになった。

ところが、私はそれまで国語を勉強した記憶がない。そもそも国語のために勉強するという発想がなかった。

だが大学で日本文学を専攻している以上、必然的に現代文を教えることになる。これには困った。

過去の入試問題に、旺文社の入試問題の正解が添えられたコピーを手渡されただけである。その答えも怪しいし、どう教えていいのかさっぱりわからなかった。そもそも私自身が現代文の問題など解いたことがないのだからわかりようもない。

幸い論文だけはかなり読みこなしてきたから、読解力は多少なりとも自信がある

そこで問題文に関して、思いつくまま必死で喋りまくった。まさに冷や汗をかきな

がら、自信のなさを覆い隠すべく機関銃のように喋りまくるしかなかった。

自分でもこんな授業が役に立つとは思えず、教壇に立つたびに苦いざらついた感触だけがどうしても残った。

ところが一月ほど経って生徒から、私の講義はどうやら評判がいいという。

私は驚いて、他の先生の講義を聞いてみると、みんな私と同じように、ただ文章を読ませて、思いつくままに喋って時間が来たら突然おしまいとなる、という感じだ。

私の若さと多少の話術によって人気が出ただけのことだった。


私は、国語の試験問題というものに触れて、疑問を持つようになった。

はたしてこの問題はなんの力を見ようとしているのか。

例えば、空欄を埋める問題とはいったい何を試しているのか。今となっては前後の内容の関係性やつながりを論理的に考える力を見ていることがわかる。だが、当時はその意味がわからなかったのだ。

そもそも目の前の問題を１００％、子どもたちが理解できたとしても、入試ではまず同じ文章や設問が出題されることはない。それがわかっていて何を教えればいいのか、過去の問題を生徒に理解してもらうことに、一体どんな意味があるのかと、毎回のように考え込むようになった。

つまりそれまでの国語の授業では再現性のないことを教えていたのだ。習うより慣れよ。本をたくさん読めばなんとかなると誰もが考え、疑うことがなかった。これでは思考停止状態だ。考えることをしていない。なおかつ新しいものに対して否定的に見ていたのだ。

ところが私は、国語の勉強など真面目にしたことがなかった、だからこそ素朴に疑問を感じたのだ。それが論理をベースにした再現性のある国語の授業を作ることに取り組むきっかけになった。

新しいものを作るということは、これまでのやり方を信用せず、一から考えるということだ。私は論理で現代文を読み解くという独自のセオリーを見つけ、「論理エンジン」というメソッドを完成させるに至った。その方法は4章で詳述するが、今では多くの受験生の支持を得て、文部科学省も新たに「論理国語」という科目を設置しようとしている。

自分の例を持ち出して恐縮だが、常識など信用せず、根本から物事を捉え直すということが「考える」ということだ。そして根本から「考える」ことを支えるのが教養である。

先日、ノーベル医学生理学賞を授賞した本庶佑・京都大学特別教授が「教科書を信用するな」と発言した。文部科学省は慌てたかもしれないが、私はまったくその通りだと思う。

教養を身につけるということは、疑問を持つことにつながる。

今、日常生活で変わらない毎日を繰り返している人は、論理を意識した読書によって教養を身につけることだ。教養を身につければ身の回りのふとしたことに疑問を持ち、一から考え直すきっかけになる。もっと生活を充実させ、人生が飛躍するだろう。

名作には１００年、１０００年と生き延びてきた真の言葉が綴られている。その中に必ず生き方の答えがある。

仕事に壁を感じている

あなたがもし年収が上がらない、あるいは昇進できないと悩んでいるとしたら、参考にしてほしいデータがある。雑誌『プレジデント』が、年収500万円台と年収2000万円以上のビジネスマン1000人にアンケート調査を実施したところ、「仕事に役立てる情報源」について、2000万円以上は500万円台と比べて、「新聞」「雑誌」「書籍」などの紙媒体を活用し、「友人・知人」「旅などの体験」から情報を得ている人が多いことがわかった。

特に書籍は2000万円以上が43％、500万円台が29・4％ともっとも大きな差がついている。

一方、500万円台の人は、「ネット・SNS」「テレビ」を情報源とする人が多かった。

また2009年の日経新聞での調査では、「年収800万円以上の人」の本代（月額購入費）は2910円。「年収400〜800万円」が2557円。「400万未満」が1914円だった。

読書量は年収に正比例するという結果が出ているのだ。

もちろん読書をするだけで、年収が上がるというわけではない。だが、年収の高い人は読書を重視しているということはこのデータでわかるだろう。読書が仕事上の成果につながっている証拠である。

逆に、年収が低い人は仕事でクオリティの高い成果が出せていないということだ。成果の質を上げるうえで、読書は欠かせない要素であることをデータが証明している。

コミュニケーション能力の不足を感じている

人にうまく自分の思いを伝えられないと悩む人が急増している。そういう人は、実は相手のことが理解できていないことが多い。

相手が主張していることや話している内容を正確に理解できなければ、会話のポイントを外してしまい、コミュニケーションに支障をきたしてしまうのだ。いかに伝えるかという前に、いかに相手のことを理解できるかが大切なのである。

人とのコミュニケーションに困難を感じている人たちこそ、論理力を身につけ、相手の言うことを正確に把握できるようにすることが必要だ。コミュニケーションの基本は、本当は読書にある。

受験勉強に取り組んでいる

これから何かの資格試験を受験するとか何かを学びたいという人は、まずは論理力を身につけることを急ぐべきだ。

試験で求められている知識とは、論理だからである。つまり論理性というものを持つことによって、試験の点数は確実に上がる。

難解な内容も、論理で一つずつ読み解いていけば、やがて理解に到達することができる。論理の力で一段上の成績を得てもらいたい。

語学力の習得に悩んでいる人

グローバル化が進む中、日本人に英語その他の語学力が強く求められているが、語学を習得するにも論理の力が問われる。

言語というのは論理で成り立っている。一文は要点と飾りで成り立ち、文章は「具体と抽象」「対立関係」「因果関係」と三つの構成要素から成り立っている。これは世界全ての言語に共通したことである。

この原理を知った上でそれぞれの言語のルールや規則を学ぶことによって、語学力を一気に伸ばすことができるのだ。

このように論理力とは人間が社会生活を営んでいく上で、非常に重要な基礎となる。そしてその大切な論理力を身につけるには過去の名作を読むのが一番なのだ。

読書を始めるのに年齢は関係なく、論理の大切さに気づいた時から始めればいい。

わずか1年でも、ネット情報にしか触れない人と名作を読む人とでは、格段に差が生まれてくる。

ただし、本には読み方がある。読書が趣味という人でも、ロジカルな読み方を意識せずに本を読んできた人も多いはずだ。

そういう人には是非この本をきっかけに、論理を意識した読み方を学んでほしい。なんとなくといった読み方から文章の筋道を持っていく読み方への変換。これがロジカルリーディングの基本だ。論理を理解すればあなたの読書は確実に変わっていく。

［1章］

本を読む人と読まない人の間に生まれている格差

体より頭が先に衰弱する時代に生きる

日本人の平均寿命は80歳を超え、いよいよ人生100年の時代を迎えようとしている。これは日本史上初めてのことだ。

例えば信長が生きた戦国の時代は人生50年だった。

一生の短さと当時の武士の生き方とは無関係ではなかったはずだ。

さらに遡れば『源氏物語』の編まれた平安時代、人の寿命はおよそ40歳だった。15歳で成人式を迎えて男は権力争いに、女は帝や有力な貴族の寵愛を受け子どもを授かろうと、ただひたすら生き急ぐ時代だった。

30歳ともなれば、死後の世界の準備をしようと多くは出家をした。

平安時代にも戦国時代にも、人は頭脳が滅びる前に肉体が滅んでいったのだ。ところが平安時代の倍以上も生きることを余儀なくされた現代では、そうはいかなくなってきた。

寿命が延びたことはおめでたいことではあるが、そのおかげで私たちは頭脳が滅びる前に肉体が滅びる、というわけにはいかなくなったのだ。

その逆がありうる時代を、生きていかなければならない。

人生１００年時代を迎えて、最も深刻で意外になおざりにされているのが、私たちの頭脳の問題である。医学が発達した現代では、頭脳の機能が低下しても肉体は生き続けるという時代を生きることになる。

死ぬ直前まで頭脳明晰で、辞世の句を詠み、惜しまれて死ぬ人生は、もはや困難なのである。

寝たきりの人生を憂うのと同様、アルツハイマーや認知症をいかに回避して、頭脳の健康を長持ちさせられるかということが、これからの私たちの重要な課題になる。

こうした時代を見越して、すでに脳トレがブームである。

私たちの経験則からひとつだけ確実なことが言える。

頭は長く使い続けることで、ある程度の老化を防ぐことができるということだ。頭脳の機能を維持したいという時、読書は非常に有効な老化防止対策になる。論理をたどる思考を深める読書を日々行うことで、確実に頭脳の寿命は延びるからだ。

最近の脳科学の研究によって、人の脳は鍛えれば何歳になっても細胞を増やすことができるということがわかっている。これから日本人は老化防止対策として読書を習慣にするべきだ。

とはいえ読書ならなんでもいいわけではない。それによって頭が鍛えられる読書でなければならない。論理力を発揮した読書でなければならないからだ。すなわち名作と呼ばれる文学に触れることが非常に重要になる。読書こそ最強の老化防止対策である。

そのためには読書の習慣を身につけるべきだ。その習慣を身につけた人と身につけていない人では、老後の生き方に確実に差が生まれるのだ。

ＡＩの普及で仕事がなくなる人と大きく稼げる人

これから第４次産業革命と言われる社会構造の変化が起き、いよいよＡＩとロボットが働く世の中になる。

肉体労働はロボットに取って代わられ、記憶や記録、計算はＡＩが引き受けていくようになる。

例えば自動運転の技術が普及すれば、もうタクシードライバーは不要になるだろう。

これまで重いものを運ぶような肉体労働の仕事は時給が高かった。

だから会社を辞めても工場や土木現場に行けばなんとか食っていけた。だが、今後は重たいものを運ぶなど、工場の中での重労働はロボットが担うようになる。

また宅配などの仕事が、ドローンに代わる日もそう遠くはないようだ。ＡＩやロボットが働き手の中心になる時代を迎える。単なる知識の記憶や計算の仕事は、人の手を離れ、ＡＩの仕事になる。そうなるとそれらの仕事はなくなり、人間が仕事にあぶれてしまう。

今は人手不足で大変なようだが、いずれは人が余り、買い手市場になってくる。そうなればますます低賃金になっていく。

記憶とか計算、肉体労働など、人間が強制されると苦痛が伴うようなことを、ＡＩやロボットが担うようになり、人間はそれらの苦痛な作業から解放されることになる。その分、人間は自由で創造的な生き方ができるようになるわけだ。

だが残念ながら自由で創造的な人は相対的に少数派だ。少数派だから高いお金がつくようになる。市場価値が高くなるということだ。

では自由で創造的な人とはどんな人なのかというと、一定の教養を身につけ、自分で考える力を持った人のことである。読書はこの「考える力」をつける上で重要なのだ。

というと、人は誰もが悩みや迷いを持っているのだから、誰もが考えながら生きていると思うだろう。残念ながらそうではない。社会が便利になればなるほど、人は考える必要がなくなり、考える力を失うのである。

年収200万円と1億円の差は「考える力」

マイカーを持っている人は、カーナビを車に装着する前と後の差を考えてみてほしい。

カーナビをつける前は、周辺の道路を細かく記憶していたはずだ。

ところがカーナビをつけた途端に道が覚えられなくなったという人は多い。

これはどういうことか。カーナビを装備する前は自分の記憶が頼りだった。だからどこに出かけるにしても、事前に目的地までのルートを自分で考えていた。新しい道路ができたなら、即座にそれを記憶しようと思ったはずだ。常に道路を記憶し、正しいルートを考える習慣が身についていたのだ。そういう意識と習慣によって、道路を記憶し、それを蓄積していけた。

ところがカーナビをつけた途端、目的地までの道路を考えることをしなくなる。画面で指示された通りに行けば、なんの迷いもなく目的の場所にたどり着くことができることがわかっているからだ。行き先を入力すれば、あとはカーナビが丁寧に行き方を指示してくれる。

しかも渋滞情報をリアルタイムにキャッチし、そのルートを回避する行き方までを勝手に考えてくれる。

そして気づいた時には、周囲の道路をまったく覚えていないことに気づくのだ。以前はなんとなくでも東西南北を意識しながら運転していたのが、それぞれの場所の位置関係さえもわからなくなる。

このように、便利なものが登場すると人はそれに頼り、結果として頭を使わなくなってしまう。頭を使わなくなると急速に記憶力も方向感覚も失ってしまう。

これは携帯電話も同じで、携帯電話が普及する前は、大事な人の家や会社の電話番号は一定数、記憶していたものだ。だから住所録を見ることもなく、電話をかけることができた。

ところが携帯電話が電話番号を記録してくれるようになった途端、人は電話番号を覚えなくなった。

今では家族の携帯番号を記憶していない人も多いはずだ。

ＡＩやロボットが発達し、社会が便利になればなるほど、人間は頭を使わなくなってしまうということだ。

これから自動運転で移動できるようになると、人は道路を忘れるどころか、自動車を運転できなくなってしまうだろう。

しかしそれらに頼らず、自分で地図を見ながら自分で自動車を運転する人は、いつまでも運転する技術が衰えないし、自分が住んでいる周辺の道路や位置情報も頭の中にあるに違いない。しかしそれでも自分で運転する機会は減り、したがって道路の記憶もあいまいになるのである。

トヨタ自動車は自動車メーカーであることを止め、人が移動することの楽しさを提供するモビリティエンターテイメントの会社になると宣言した。つまりこれは人が自分で運転する時代の終わりを告げている。これまで自動車メーカーは運転する楽しさや喜びを売りにしていたが、もはや人が運転しなくなればそうした楽しさを売りにすることに意味がなくなってしまう。

自動車保険の会社もなくなってしまうかもしれない。人間が運転をしなくなれば事故を起こすという可能性は限りなく低くなる。

読書は、日常生活を送る上で考える必要のないことを、考えさせる行為だ。それは人が車を運転しない時代になっても、運転操作や空間の認知能力を訓練するような作業とも考えられる。

時代は大きく変わろうとしている。私たち人間に必要とされる能力とは何か。それはＡＩやロボットができない領域を担う力である。それこそが想像力であって、それを培うには論理的な思考が必要である。そしてその論理的思考を培うのが読書なのだ。

ＡＩやロボットに代わられる仕事をしていては、いずれ仕事にあぶれてしまうことになる。人間にはあって、ＡＩにはないものが二つだけある。それは教養と想像力だ。この2つを備えた人は、生活の様々なシーンで創造性を発揮するだろう。ＡＩができることは、今あるものの延長線上のことにすぎない。それにいち早く気づいて、創造性を発揮する仕事に移行する必要がある。

創造性とは読書によって身につくものだ。これがあるかどうかによって年収がけた違いに変わる。ＡＩに取って代わられれば、コンビニや警備員などのアルバイト生活に陥り、年収２００万円の人になる可能性もある。

一方、創造力を発揮して世の中にない事業を立ち上げて成功すれば、１億円プレーヤーになる可能性も秘めている。

今、読書を見直すべきだというのは、読書が想像力を豊かにするものだからだ。

ただし、そのためには読むべきものを選ぶ必要がある。

文学の名作を読むのが最も効果的なのだ。

「頭の良い人」と「頭の悪い人」の違い

頭が良い悪いという言い方があるが、これは突き詰めれば論理的思考ができるかどうかということと等しい。論理的能力を持つ人間は頭の良い人であり、論理的思考ができない人が頭の悪い人ということになる。

頭の良い人とは2年後、3年後に起こるであろうことを予想して、今を生きる人のことだ。

一方で頭の悪い人とは、今この瞬間の満足度や価値を優先して未来を予測することができない。今、目の前で起こる現象に一喜一憂してしまうことが頭の悪さということになる。頭の良し悪しとはつまり、計画性を持つか持たないかという違いであると私は考えている。

論理的かどうかによって人の人生が変わるということを意識することが大切なのだ。

「できる人」と「できない人」の違い

人の成長とは、生きる上で必要なことを習得するプロセスである。

物事を習得するには計画性と忍耐力と意思力が必要である。

だがその前に必要なのは、〝学ぶ〟姿勢だ。

物事を学ぶには、学ぶべきことを理解できるかどうかが鍵となる。

学ぼうとしてもその内容が理解できなければその先に行けない。学ぶということは論理的な行為である。

社会が大きく変化する中で、さまざまな物事を習い、学び、行動に変えていくには、効率の良い学習が必要だ。どんどんものを覚えて新しい知識を得て、新しく便利なものを使いこなす能力が問われる。

これができる人と、できない人の間には、人生に大きな違いが生じるのは当然だ。

読書によって論理力を身につけた人は、人の言葉や本に書いてあることが正確に理解できるため、物事の習得が早い。

「話がうまい人」と「話が下手な人」の違い

読書をする人としない人とで、最も大きな格差を生むのが、コミュニケーション能力である。

話がうまいか下手かというのは、すなわち話がわかりやすいかどうかということと等しい。

わかりやすく話す人が、話がうまい人ということである。

では話がわかりやすいとはどういうことか。それは話に筋道が立ち、すんなりと聞く人の耳に入るということである。

どのような言葉を使い、どのような順番で話すか。それが論理力に他ならない。

論理力を身につければ誰もがすぐに理解できる話し方ができる。

つまり話がうまいということは論理力が高いということだ。論理力を身につければ話し方も必然的にうまくなる。

「モテる人」と「モテない人」の違い

モテる人とモテない人との決定的な差は、教養の有無と言っていいだろう。

教養を持つ人は人間として魅力的だ。ネット情報に振り回されることがなく自分自身というものを備えている。

反対にそれがない人間はうすっぺらで、発言にも行動にも深みがない。こういう人はやはり世の中でも成功しないだろう。

結果、低賃金で同じことを繰り返すだけの日々を生きることになる。そういう人はモテないだろう。

知識と教養の違いを知ることが必要である。ネットでも知識は得ることはできる。こうすればお金が儲かるとか、仕事の仕方が身につくといった類の自己啓発的なもの、つまりはビジネス書ということになるが、そういうものはネット情報と変りがない。もちろんそういう情報が欲しければ買えばいいとは思うが、絶対読まなければならないとは思えない。

ビジネス書の作者には叱られるかもしれないが、ビジネス書でロングセラーになっているものは一冊もない。

教養というのは、その人の人間力と深く結びついている。その人のものの捉え方と広さ、深さ、あるいは思考力といったものと切り離すことができないような何かである。何かとは、形のあるものではないので数値化できるようなものではない。だがその人の人間力として現れてくるものだ。

「合格する人」と「不合格の人」の違い

受験を控えている人には、特に知っておいてもらいたいことがある。

受験こそ論理力の勝負であるということだ。合格者と不合格者の違いは何かといえば、問題で何が問われているのかを正確に理解できるかどうかにかかっている。

ということは、多くの受験生が出題者から問われていることを理解できていないことが多いということだ。理解力が深まれば、出題者が何を答えさせようとしているのかが見えてくる。その域にたどり着くと、偏差値は一段上がる。

受験問題というのは1年をかけて大学側が厳選したものだ。そこに取り上げられる問題とは結局のところ、自分の大学にふさわしい資質を持っているかどうかを問うものである。

そして一定の割合の論理力さえあれば、簡単に解ける問題が多くを占めている。論理力を持って問題を解くことに習熟できているかをどうかを問うのが入学試験である。

そのことがわかっていれば、やるべきことはそれほど複雑ではない。論理力を鍛えれば受験にも生きてくるということだ。

「偏差値が高い人」と「偏差値が低い人」の違い

この前の項目で触れたが、試験が得意になれば偏差値は上がる。

偏差値も結局は論理力ということになる。偏差値が低いということは、すなわち論理力とその習熟度の低さに他ならない。

繰り返しになるが受験勉強というのは論理力をもって問題を解いていく力のことだ。一定の法則を理解して、あとは論理で照らし合わせていけば、受験問題は必ず解ける。

そのことに気づくか気づかないかということが、それからの人生を分けるということになるのだが、一言で言えば、論理力が頭の良し悪しや偏差値を決めているということになる。

本は栄養素がいっぱい詰まった頭と心の食物である。

人はものを食べないと栄養失調になる。子供の時に満足に食べられなければ、体が成長しない。それと同じで、本というのは頭と心の栄養なのだ。本を読まなければ頭も心も育たない。本を読まない状態を続けていると、思考力や感受性が枯渇してしまうに違いない。いくら食事でおいしいものを食べて体が大きく成長しても、読書をすることなく大人になると心の貧困な大人になるだろう。

このように読書をする人としない人とでは、大きな格差が生まれている。今こそ論理力を身につけるために読書をするべき時なのである。

［2章］

読書が「成功脳」に変える

なんのための読書か

この本がテーマにしているのは読書である。

読書に難しい定義などない。文字が綴られた本を読むなら、それがライトノベルであろうとビジネス書だろうと漫画だろうと読書は読書だ。

私はあまり読まないが、漫画やビジネス書の中には役に立つものもあるのだろう。また漫画の中には、歴史を漫画化したものもあれば、文学作品を漫画化したものもある。

それらは原典を読むよりも数段早く全体の内容をつかめるので便利だ。

『源氏物語』は膨大な分量だから、一巻ずつ読んでいてはなかなか先が予想できない。しかし漫画を読めば、全体を素早く俯瞰することができる。絵が描かれていることで平安時代の暮らしぶりや服装を頭の中で想像するプロセスが省かれ、原典を読むよりはるかに早くイメージがつかみやすい。作品の世界観やストーリーを手軽に知るのに役立つ。

だがそれで歴史をわかったことにはならない。歴史を学びたいなら内容がしっかりした歴史の本で学ばなければ、歴史は理解できない。いまだかつて漫画だけを読んで歴史のテストで100点を取ったという人を私は聞いたことがない。

漫画類は、全体のイメージをつかみたい時にだけ利用すればいいのであって、それ以上の何かを求めてもしかたがない。

大切なのは読書の目的である。本書で伝えたいのは、教養を豊かにするための読書である。

教養を身につける意味での読書なら、ビジネス書は読書に入らない。ネット情報も同じことだ。私にとってネットの情報を読むことは読書ではない、ということになる。

文学、思想、哲学といったジャンルがその対象となる。そして昔の名作と呼ばれるものを読むのが真の読書である。

今更なぜそういう本を読まなければいけないのか。

それは論理力を身につけるためだ。読書をする人としない人の決定的な差は何かと言われれば、それは教養と想像力、そしてそれらを身につける上で必要な論理力にある。

大昔の作品を今、読んでも仕方ないと思うかもしれないが、それは違う。名作とは過去の作品ではない。１００年前の読者に感銘を与え、次の時代に生き残って新しい時代の人にも感銘を与えたものだ。そして、今も生き残っているということは、現代の人に今も感銘を与えているということである。それが名作と呼ばれる作品である。『源氏物語』は千年以上、読み継がれてきた。ということはそこには間違いなく時代を超えた価値がある。ネット情報とは真逆のものなのである。

こうした本には時代を超えて生きてきた言葉が綴られている。それはつまり時代を超えて人々に影響を与え続けるほどの内容であって、そこにはそれほどに力を持った言葉であるということだ。

こうした力のある言葉は、人の心と体の中に蓄積される。それが「教養」となる。

さらにその言葉によって「思考力」が鍛えられ、「言葉の力」を獲得することができる。「教養」「思考力」「言葉の力」というこの三つが身につくかどうか。そこがネット情報と本の違いなのだ。

読書習慣によってまずは論理力を身につけ、正確に判断することができるようになる。なぜなら、正しい情報には論理性が一貫しているからだ。

怪しい情報は論理性が乏しく内容も一貫していない。むしろ論理的に破綻していることが多い。ロジカルな発想で物事を見れば、真偽を知ることができる。

言葉の力は、深くて普遍的なものなのだ。ネット情報をいくら読んでも教養を身につけることには繋がらない。思考力を深めることもないだろうし、言葉の力がついてこない。

つまり教養を身につけ、思考力を鍛え言葉の力を獲得するのを読書の目的とするならば、ネット情報でいくら文章を読んでも意味がないということだ。

独り勝ちの時代

これからは独創的な発想ができない人は生き残れない。なぜなら現代は独り勝ちの時代だからだ。

世界の片隅で生じた情報が、衛星放送やインターネットなどで瞬時に世界中に流れる。

ＩＴ技術が高度に進歩して、私たちを取り巻く情報量は加速度的に増えるばかりである。こういった情報爆発時代にどう立ち向かっていくか。それは私たち一人ひとりに課せられた課題だ。

この情報時代がもたらしたのが「独り勝ち」である。

特定の人物や商品が大量に売れて、その他は見向きもされないような時代になっている。

情報があまりにも多いからだ。

人々の周囲に情報が溢れかえっている。スマホによって誰もがそれらの情報に手軽にアクセスできるようになった。だが情報が多すぎて、もはや自分に必要な情報がどこにあるか吟味しながら探すことは難しい。

するとどうなるか。手っ取り早く今、流行っているもの、アクセスが多いもの、注目されているものに飛びつくことになる。

その結果、特定の情報や人物、商品のみに注目が集まる。特定の商品だけが莫大な売れ行きとなる。その他の情報は他の情報にかき消されて、埋もれてしまうのだ。

今は良い商品を売り出しても、情報に乗らなければ見向きもされなくなっている。

こうした現象が望ましいかどうかは別として、独り勝ちの現象はこれからも加速していくことになるだろう。

私が身を置く受験産業にも同じことが言える。ネットで一度に多数の学生が受講できる授業ができたことで、人気講師が一人いれば成立する世界になってしまった。そうなると教育産業がそれを担う必要もない。どこの業界だろうとどんな企業だろうと、たった一人の優秀なソフトを獲得したところが勝利をおさめることになる。

社会はすでに一人の勝者と大多数の敗者という図式ができ上がり、日本に中流層がいなくなった。

こういう時代に求められるものとは、個人の創造性である。

他人と同じ価値観で、同じ考え方しかできない者は敗者となり、他では考えつかない発想と価値観を持つ者が一人勝ちになる。

必要なのは、他にはない個性だ。

個と個がぶつかり合い、その勝者がメディアを通して時代を、市場を制覇するのである。

私たちに求められているのは、他に類を見ない圧倒的な創造性と個性なのである。

映像で教養は身につかない

大量の情報を処理するには、いかに早く情報を吸収するかが鍵となる。

そのためには、活字よりも映像の方が効率がいい。

映像文化とは映像を中心に置いた表現方法で、活字とは対極にある。

例えばユーチューブがその代表だ。一般の人が言葉ではなく、映像で言いたいことや表現したいことを表現する時代になった。

漫画も同じだ。投稿動画に比べれば漫画にはセリフがあるが、表現の中心はあくまでも絵であって、まったく絵のない活字ばかりの漫画はありえない。漫画は映像文化である。

もちろんテレビ・映画・ビデオの類も映像文化である。

映像文化は現代という時代にマッチしている。なぜならわかりやすく、頭に入れる時間も短いからである。

『源氏物語』五十四帖を原典で読むよりも、漫画で読む方が早い。テレビの方がさらに早い。そしてユーチューブのまとめ動画の方がさらに早い。なぜ映像の方が理解が早いのかといえば、創造的なプロセスを全てカットしているからである。

例えば、川端康成の『伊豆の踊子』を小説で読んだとしよう。私たちは無味乾燥な活字の羅列から、一人の踊り子像を作り上げなければならない。

様々な場面での情景を頭の中に作り上げ、その中での踊り子の言動から、踊り子の性格や悲しみ、感受性に至るまで、イメージを確定していく作業が必要になる。

これは実に創造的な営みだ。

ところが映画の『伊豆の踊子』はすでに女優が決定している。

その女優の表情、演技を私たちは、踊り子として受け取るしかない。様々な場面がすでに作り上げられているからだ。漫画でも事情は同じである。映像では創造的な行為が割愛されている。既成のものを私たちは一方的に受け取り、それを好きか嫌いか、面白いか面白くないかと感覚で判断するだけである。

それでも人によって受け止め方は様々で、そこにはなにかしらの感受性は関与してくるが、活字から一人の踊り子を作り上げるという行為が省略されていることに変わりはない。

だが映像でわかった気になっても、所詮は気分だけのことである。そんな気分は一晩経てば消え去り、何も残らない。

そこに論理がないからである。

すでに述べてきたように、私たちがわかるということは、その筋道が理解できたということであり、理解していないものは記憶に残らない。

日本が高齢化を迎えて、老人性認知症の問題が深刻になっている。

前にも触れたが、昔は人生五十年で、脳が元気なうちに先に肉体が死滅した。ところが今は脳の寿命は変わらないのに、医学の発達や食糧事情の改善で肉体の寿命の方が80、90まで延び、もはや１００歳まで生きる時代といわれている。

つまり肉体がまだ元気なのに、脳の寿命が先に尽きる時代を生きることになる。

今の医学では、脳の寿命を延ばすことはできない。

脳の寿命を少しでも延ばすには、使うことだ。使わないと衰えていくだけなのだ。

想像力と創造力を発揮するための読書

脳の働きは歯車が回転するのに似ている。

いったん動き始めると油をさすだけで回転はスムーズになっていく。だが、いったん回転が止まると、歯車が錆びついて動かない。

脳を動かすには創造的思考が必要である。それには活字が最も効果的だ。特に抽象度の高い文章が適している。

前のところで「言語＝思考」だと述べた通り、文章を理解することは、そのまま考えることにつながる。私たちは絶えず文章に触れ、この現代を様々な角度から認識すべきなのだ。

さらに私たちは活字に乗って抽象的思考をしたり、頭の中で様々な場面を想像したり、主人公のイメージを作り上げたりする。

そういった頭の使い方を日常的にできるかどうかである。

映像文化の時代で、私たちは既成のイメージを一方的に受け取るだけになっている。能動的思考や創造的思考を行うことがなくなっている。そしてますます無思考になっていく。

若者たちのそうした姿を見ていると、事態はより深刻だと感じる。

今の若者たちは抽象的な言語を持っていない。それはすなわち抽象的思考が欠けていることを意識する。映像文化に慣れ親しんだ彼らは、すべてにおいて受動的、感覚的になっている。

テレビやゲームもやはり私たちに受動的な能力を要求する。例えばロールプレイングゲーム（ＲＰＧ）は自分が主人公になってさまざまな冒険をするように見えて、結局はコンピュータに組み込まれたプログラムをなぞるだけのことである。

最近では古典作品や歴史ものを漫画化したものも増えている。

哲学や思想まで、漫画でわかりやすく解説したものがあふれている。

漫画なら膨大で難解な古典作品や歴史が一目でわかる。思わず飛びつきたくなるだろうが、漫画本を読んで試験に合格した例など、一つも聞いたことがない。

もちろんこういったものを否定しているわけではない。『源氏物語』などは漫画を読むことによってイメージがわき、その作品に興味を持つきっかけにもなるだろう。

それ自体は十分に価値があるのだ。だが残念なことに、漫画では記憶できないのだ。

なぜならそこに論理がないからである。

漫画は視覚的なイメージを読者に与える。私たちはわかった気にさせられるが、論理によって理解し、整理したわけではないから、結局は気分だけで終わり、何も頭に残らないのだ。ましてや試験問題に答えることはできない。

テレビやビデオで見るのも、事情は同じである。

これらは関心を抱いたり、ある種のイメージを持つには非常に有効だが、それだけでは学習にはならないのだ。くれぐれも過剰な期待は抱かないようにと言っておきたい。なぜなら模倣の時代は終わりを告げたからだ。日本は激動の時代を迎えている。これからは創造的な力が問われる時代だ。

過酷な競争社会を勝ち抜くには、他にはない創造的な思考を獲得すべきなのだ。

読書には論理力が必要

論理力がなければ、教養が身につく読書はできない。

日々の読書が論理力を鍛え、論理力が鍛えられれば読書の理解も進む。内容も把握しやすくなる。そのため読書量は増え、読書が習慣となる。これは双方向で鍛えるべき能力である。読書によって脳がバージョンアップする。

その相乗効果によって人々の考える力が増強する。すなわち頭が良くなる。頭が良くなることで、成功する確率は格段に上がる。

脳の力がつく本の読み方というものがある。それは本を読みながら考えることだ。そのためにいい文章を深く読むことが重要だ。

文章を読んでも何も考えることができない人は、まだその文章を消化していない。何度もその文章を思い出してほしい。やがてそれが消化され、止めようとしても次から次へと新しいことが思い浮かぶようになるだろう。

良い文章を理解する――そういうと「先生、それって他人の意見の模倣ではないのですか?」という反論が返ってくることがある。

真の独創は模倣から生まれてくる。人の一生は短い。学問の世界では一人の人間が発見できることなど知れている。

学問の世界の話をしよう。

例えばAという人が大変なことを考えついて、それを論文という形で書き残したとする。次にBという人が同じことを一から考えたとしたら、Aがたどり着いたところまでいくので精一杯ではないか。そうなれば学問の進歩などありえない。

Bは A の考えたことを理解し、その過程において A の正しさを検証しているのだ。そして A の考えたことを理解した時、次の一歩先を考えつく。この新たな一歩が学問の進歩ということだ。それが真の独創ということなのだ。

次に C は B の考えたことを理解する。その過程で A と B の考えを検証していることになる。

その結果、次の一歩を考えつく。こうして物事は少しずつ進歩する。その間に A の考えたことや B の考えたことが、何度も何度も確かめられ、やがて定説となっていく。

真の独創は先人の考えの模倣から始まるのである。

あなたは学術論文というものを見たことがあるだろうか。

論文には必ず最後に注がついている。あの注の意味がわかるだろうか。

論文を書くには、それが真に独創的なものでなければならない。

1000人がすでに発表したのと同じ内容のものを、断りもなしに引用すれば、それは盗作になる。かといって論文は単独で完結するものでもない。

したがって専攻する研究の流れの中で、自分の研究がどういった位置づけなのかを自覚……明記する必要がある。そのために先人の論文を引用することになる。その際に注が必要なのだ。その論文について、誰がいつどこで発表したのかを明示しなければ、それは盗作になる。

私は卒業論文で森鷗外の『舞姫』を取り上げた。論文とはただ自分の個人的な感想を書けばいいわけではない。過去においてどのような論じ方をされてきたのか、それを調べて整理する必要がある。

たとえば舞姫研究にはこれまでこのような視点があると紹介した上で、その一方でこういう視点もある、と書く。そして私が論じるのは、過去のこのような立場に立ってであると明示する。

その際に注意が必要となる。

自分の研究はどこまでが過去のそれと同じで、どこからが自分の独創的な意見なのかを明らかにする。だから論文には注が必要なのである。

このことからも、独創的な意見を持つには過去の研究成果を知らなければならないということもわかってもらえるだろう。

つまり先達の研究を理解することから、想像力は発揮されるのだ。

難解な文章に挑む意味

ものを理解するということは100のうちの100を覚えるということではない。一つの物事は様々な要素から成り立っている。まさに有機的な成り立ちをしている。たとえば評論を理解するためには、評論用語、論文の文体に対する読解力、語彙力さらに論理力、文法力などが必要である。

それに加え、設問の解法、技術力、マークセンスの選び方など、様々な要素が絡み合って、初めて入試問題に解答できるのである。

有機的という言葉を知っているだろうか。有機栽培とか有機肥料とか最近はよく使われる言葉である。無機的と対立する概念である。

有機とは様々な要素から全体が成り立ち、しかもそれが全体として調和している状態を指す。生命体は全て有機体である。

人間の体は有機体である。脳から始まって、内臓、血管から手足に至るまで、様々な要素から成り立ち、それが全体として調和している。だから例えば脳細胞の一部が癌に侵されても、全体の調和を失ってその人全体の生命は維持できなくなる。

それに対して石は無機物である。石は半分に切っても石であり、細かく砕けば小さな石になるにすぎない。

自然環境も有機的である。人間だけでなくそこには動物、植物、微生物、水、空気、土など様々な構成要素があり、それらがうまく調和を保っているのだ。

その有機的に物事を理解するということは、読書によって培われるものなのである。かといっていきなり難しい専門書を読んでも理解は得られない。まずは簡単なものから読み進めていくべきだ。そうしないと内容がちんぷんかんぷんで、まったく理解できず、したがって面白くないと諦めてしまうことになる。これはスキーと同じだ。

スキーでは初めての人をいきなり急斜面に連れて行くことを推奨する向きもある。だがそれはやめた方がいい。

滑り慣れた人にはなんでもない斜面でも、初心者にとっては急斜面に思えてすっかり怖気づき気が引けてしまう。

いくら大声で体重を前にと言ったところで、すでに重心が後ろにあるのだから、体が動くわけがない。スキー板がどんどん前に滑り、尻餅をつくのは時間の問題である。スキー板というものは、その上に重心があれば自在にコントロールでき、逆にスピードは殺せるのだ。

そのためには滑り落ちる方に体重を乗せなければいけない。急斜面であろうと緩斜面であろうと、滑り方は同じなのである。急斜面で練習することによって初めて緩斜面で練習したことが身につく。いくら緩斜面でばかり練習したところで、そのことはわからない。

次第に緩斜面でしか滑ることができなくなる。

これは何もスキーに限ったことではない、まさに読書の仕方でも、勉強の仕方の話でもあるのだ。

最初は簡単な問題を確実に理解する。

そしてそこで見つけた解き方で、今度は難しい問題に挑戦する。そのことによって、初めて基礎が基礎である意味を知ることができる。

有機的な思考ができることが、受験をはじめ生きるための知識やスキルを身につけるうえで不可欠なのである。

読書で想像力を磨く

現代の大きな問題の一つは想像力の欠如である。

例えばレトリック感覚を身につけるのにも想像力が不可欠となる。

いじめの問題は相変わらずニュースになることが多いが、いじめる側がいじめられる側の心の痛みがわからなくなってきている。

昔から暴力的なやつはいた。彼らは自分の暴力が相手にどれだけのダメージを与えるか、自分の言動が相手をどれだけ傷つけるかがわかっていた。だから計算して相手を攻撃できたのだ。

今は自分の言動が相手をどれだけ深く傷つけているかもわからず、相手が自殺して初めてそんなつもりはなかったのにと驚く。

そこには深刻な想像力の欠如がある。

同情という言葉がある。

この言葉は漢字の意味からすると自分も相手と同じ感情を抱くということだろう。それには的を射た想像をする力が必要である。

そして相手と同じ感情が抱けるからこそ、そこに理解が産まれ連帯感が生じる。

だが表面的に同情されたところで、それは言葉だけのものであり、心の奥では相手を見下していることを私たちは自然に感じ取っている。だから同情されることをあまり好まない。

そこにも現代が抱える想像力の欠如という大きな問題が隠されている。

ところが私たちがレトリック感覚をはじめ論理的な思考を必要とする時、この想像力が必要となってくるのだ。
子供の頃の遊びを思い起こしてみよう。
私が子供の頃は今のようにおもちゃなどふんだんに与えてもらえなかったし、まし
てやテレビゲームなど存在しなかった。
かくれんぼや鬼ごっこ、戦争ごっこなどが主な遊びだった。例えばかくれんぼである。
鬼になったものは目をつぶって10数える。
目を開ければそこは別世界だ。あれほどのざわめきが一瞬にして消え、辺りを静寂
が包み込む。いくら探しても誰一人いない。
孤独の感情。
孤独から逃れるために、鬼は冒険の旅に出なければならない。
そして仲間を探し出した時、誰もが自分を見て逃げ惑う。自分は周囲の人間から疎
外された存在だと打ちのめされてしまう。
こういった人生における象徴的な場面を、一種の演劇としてかくれんぼは疑似体験
させてくれるのである。

その遊びが面白いかどうかは全て想像力にかかっている。

今の子供たちは大勢が集まって誰の家に遊びに行こうか相談する。一昔前は誰のゲームソフトで遊ぶかが問題だった。近頃は同じゲームをそこに参加した全員で同時に同じ画面で遊ぶことができる。だから昔のかくれんぼと同じだと錯覚しやすい。だが全員で同じ遊びができるからといってかくれんぼと同じではない。

なぜなら全員が遊んでいるその土俵は他人が作ったものだからである。さらに彼らが冒険しているつもりでも、ゲームの作者のプログラムにのっとって進行しているに過ぎない。

誰かが転んで怪我をすることもなければ、雨が降って服が濡れる経験もしない。すべてが人為的に計算され尽くした遊び場の中での疑似体験にすぎない。

人間が作ったプログラムをなぞるだけの遊び……そこでは豊饒な想像力が喚起されることはない。

遊びから生まれた知性

私は子供の頃よく用水路に紙の船を浮かべて競争した。田んぼ沿いの小さな用水路にスタート地点とゴールを決める。それぞれが作った紙の舟をスタート地点にいっせいに浮かべて、誰の船が真っ先にゴールに到着するのかを競うのである。

朝、期待に胸を膨らませて起きる。

その日の天候によって作戦が違うからである。

前夜に雨が降ったなら、水かさが増しているから頑丈な船を作らなければならない。だが水の流れが緩やかなら、軽い船が有利だ。

次に新聞を取りに行く。その日の広告紙で船を作るのだ。今日はどんな広告紙が新聞に挟み込まれているのか。ワクワクする瞬間である。

そしてレースの水路を決定する。距離はどうか。水の流れは。カーブや障害となる箇所はあるかどうか。それを自分の目で確かめに行くのも楽しみの一つである。

ある時、衝撃的な事件が起こった。仲間の一人が水をはじくように船底にロウを塗ったのである。それは一つの革命だった。私たちはその船が勝つかどうか、胸をときめかせたものだ。

その次から誰もが頭をひねって工夫した。

天候によっては帆をつけるもの、屋根をつけるものもあったが、たいていはそのことによって船が重くなり、かえって遅くなることが多かった。

だがそうやって想像の翼を広げること自体が遊びだった。

今の子供たちは贅沢なおもちゃに囲まれて、かえって遊び本来の楽しさを見失ってしまったのではないか。

それよりも深刻なのは、想像力まで削ぎ落としてしまったことではないだろうか。

現在はあらゆるものをデジタル化する時代である。

デジタル化とはすべてを数字や記号に置き換えていくことで、そこには想像力の入り込む余地はない。私たちはここでもまた想像力を奪われているのだ。

人に優しくなれないのは、他人の視点でものを考えるという想像力が欠けているからである。

今の子供たちは一つのものを様々な視点や角度から捉えることができない。ちょっとしたことにもキレてしまう。相手の立場や気持ちを慮るどころか、自分の感情すらコントロールできなくなっている。

現代は情報が溢れている。あまりに考える力を要求しない。私たちが行うのは、それが嫌いか好きか、面白いか面白くないかという感覚的な反応だけである。

私たちは現代の人間が昔よりも繊細な感受性を持っているように感じてしまうが、それは自分の感覚というたった一つの視点でしかものを捉えられなくなったからではないか。

今私たちは思っている以上に危機的状況に立たされているのかもしれない。そうしてそこから脱出する鍵はそれぞれの頭の使い方にあるのではないだろうか。

ＡＩやロボットは、これから社会で大いに活躍するだろう。その分、人間は楽になる。カーナビによって人は道を覚えなくてもよくなったおかげで、ドライバーは道を記憶することができなくなった。そればかりか方向感覚さえ失った。

もうすぐ自動運転の時代がやってくる。人は車を運転するということができなくなるだけでなく、危険を察知することもできなくなっていくだろう。

そうして世の中が便利になればなるほど、人間は頭を使わなくってしまうのだ。頭を使わなければ脳は衰える。それはすなわち創造的な思考が欠如することを意味している。

考えることをやめた時、人生100年を生きる上でそれが何を意味しているのかを知るべきだろう。

［3 章］

私の読書体験

……論理に行きつくまでの体験

毎月配本された文学作品に浸る

ここまで読書の重要性を語り、そこで培われる「教養」の大切さについて綴ってきた。では私自身はどんな読書をしてきたのか知りたいという人もいるだろう。私はこれまでに数多くの本を書き、その中には文学の解説書や読書案内の本も多い。だが当然のことだが、子供の頃から読書の重要性を意識していたわけではない。そこで私自身がどんな読書遍歴を辿ってきたか、ここで少しお伝えしておこう。

私が物心ついた頃は今のように多くの絵本などはなかったし、幼児教室とか塾といったものがなかった。また両親は忙しく、子供のことなどほったらかしだった。当時のことを思い出すと、学校の勉強をした記憶が全くない。野山を駆けめぐり、いつも近所の子供たちを集めて、ガキ大将になっていた。学校は遅刻ばかり、教科書のほとんどを順になくしていく。

私は劣等生だった。

だが本だけはむさぼるように読んだ。

当時、小学館から毎月2冊『少年少女世界名作文学全集』が刊行されていた。

小学生の頃、毎月、それが家に届けられるのが楽しみだった。『小公女』『秘密の花園』『巌窟王』『西遊記』など、世界の名作が一冊ずつ家に届く。届いたら無我夢中で読んだ。今のようにスマホも携帯もインターネットもなく、それしか読むものなかったから何回も読んだ。家にテレビゲームなどもなかったから、読書に没頭する時間があった。

配本は小学校の3年生から6年くらいまでずっと続いたから、全部で50巻ぐらいはあったはずだ。私にとってこの頃の読書が大きかったように思う。この文学全集によって一通り世界の名作といわれるものに触れ、その大まかな中身と面白さを知った。

文学全集がそれぞれけっこう分厚い本だったので、この本によって私は言葉の力を身につけたと思う。あの読書体験が、今の自分の基礎を作ったといっても過言ではない。

浪人生活でＳＦに夢中になる

ただこの頃の読書が良い点ばかりだったかというとそうではなかった。まだ幼かった私は、これで人が読むべき世界の文学を全て読んでしまったと勘違いしたのだ。その結果、中学、高校と最も本に親しむべき期間に私はほとんど本を読まず、読書生活の長い空白期間となった。

ところが、あとからわかったことだが、その文学全集は日本のものも外国のものも、原典ではなく子供用にやさしく書き直したものだった。

それに気づいていざ、本当の作品を読もうと手に取ってみると、全く違っていた。少しも面白くない。面白くないから途中で放り出してしまった。

今思えば、子供の頃の私の読書は、国語力を鍛えるものではなかった。

高校の時は勉強したことがなかったから、浪人することになった。

いろんな事情があって京都で3年浪人した。

正確に言うと、3年惰眠をむさぼったようなものだった。

とりあえずは国立の医学部を志した。

そのために予備校には申し込んだが、全く行かなかった。理系だから国語の勉強も一切しない。3畳一間の下宿で3年間、ひとり部屋の中でぼーっとして過ごしていた。もし浪人生が受験勉強をする人という意味なら、それは浪人生活とはいえない。引きこもりに近かった。

お金もない中、私を夢中にさせたのがSFだった。

特にバローズの『火星のプリンセス』に夢中になり、それから「火星シリーズ」「金星シリーズ」「ペルシダーシリーズ」と手に入る限りむさぼり読んだ。

バローズは「ターザンシリーズ」を書いた人だ。今はあまり売れていないかもしれないが、当時ハヤカワ文庫SFで出ていたので、食費を切り詰めてお金を貯めては買っていた。

浪人という社会性の全くない時期のことで、主人公が火星に行って王様になるとか、王女様を助けて結婚したとか、そういった世界に頭の中が支配されていた。他に娯楽もなく、何回も読んでいたと思う。

それをきっかけに、本屋へ通うようになり、バローズの他に何か面白いものはないかと日本の本を読み始めた。この浪人生活から芥川龍之介や太宰治、川端康成、堀辰雄、安部公房らの作品を読み始めたのだ。

突然、日本の文学に目覚める

3浪の末、大学に入った。

浪人3年目で、さすがに医学部への進学を望んでいた両親もどこでもいいから入ってほしいと願うようになった。

その頃はもう私の関心は文学に向いていた。バローズや日本の文学を読みふけるようになって本の面白さがわかり、自然に読む力も身についていたのだ。予備校の授業を受けるより昔の作家が書いたものを10分読む方がはるかに深い内容だと思っていたからだ。

そして3浪目に入った頃、小説家になろうと思い始めた。

実際に3畳一間の下宿で、小説を書きはじめた。

3浪したからこそ文学に出会ったのだが、すでに20歳を超えていた。自分の将来を考えた時に、まともな人生はもう無理だろうという諦めもあってのことだ。

もともとこういう性格で、会社勤めも無理だろうと決め込んでいた。興味のある文学部を受験し、最初に合格した大学に決めた。それが関西学院大学の文学部だった。

医者にならずにすんで、安堵していた。


大学に入学したての頃は文学者の生活をしようと意気込んでいた。

他の学生がディスコだスキーだと遊んでいた頃、私はファッションにも車にも遊びにも興味を示さず、ひたすら本を買った。

最も多く買い揃えたのは個人の文学全集だった。夏目漱石、森鷗外、芥川龍之介、川端康成、小林秀雄、太宰治、谷崎潤一郎、ドストエフスキー、トルストイ、堀辰雄、梶井基次郎、五味川純平、山本周五郎、筒井康隆、三浦綾子、埴谷雄高など、目に入った本は片っ端から購入した。

大学時代の6畳の下宿はすべて本で埋め尽くされていた。その真ん中に小さな机と万年床。もし地震が来たら本の下敷きになって生き埋めになったことだろう。

私は本に囲まれながらひたすら夢を見ていた。毎日毎日大学の講義にもほとんど出ず、ただだものを書いて過ごしていた。

道草を食いながらの半生

ところがひょんなことからクラブ活動を始めることになる。なんと社交ダンスだ。

3年間たった一人で部屋にこもって浪人生活をしていた反動だったと思う。1年の授業のゼミが終わったあと、ぼーっとしていた私に一人の女の子が声をかけてきた。美しい女子学生だった。3年間なんの浮いた話もなかった私はときめいた。

「今度ダンスパーティーがあるので一緒に行きませんか?」とその女子学生が言う。ダンスなんて踊れないからと断ると私が教えてあげるからと言われて、結局チケットを購入することになった。要はチケットのノルマがあって売る必要があったのだ。

参加すると私を見て先輩がうまいうまいと褒めてくれる。私ももしかしたら才能があるのかもしれないとつい勘違いをしてしまい、誘われるがままに入部してしまった。あとから聞いた話によると新入生が誰も入らないため、先輩たちが誰か連れてきてくれとその女の子に頼んでいたのだということがわかった。まんまと策略にはまったのだ。

3浪した学生は珍しく、誰も友だちができなかった大学で、華やかな世界についい引き込まれてしまったんだと思う。結局1年生の途中から副部長にさせられてしまった。ダンスの練習に打ち込み、大会に挑む日々はそれなりに楽しかった。だが小説の方は止まってしまい、大学の授業にも出ていなかった。

今思えば私の人生は無駄なことばかりしていた。思い出すたびに、思わず苦笑いをしてしまう。まっすぐ一本道を歩いたことなど一度もない。私の道はいつも曲がりくねって、時折先が霧で見えなくなったり、何本にも分かれてしまって、途方に暮れてしまう。

だが人生とはそんなものではないか。この3年間を世の中の人は「人より遅れた」と言うかもしれないが、私はそう思わない。むしろこの3年間があったから今の自分があると思っている。ただ当時は歩いてみないとわからないから、ひたすら前を目指して歩くしかなかった。

読書も同じだ。若い頃と人生に時間があまり残されていない晩年とでは、当然そのあり方は違うだろう。若い頃の読書は、無駄が必要なのだと思う。

私は部屋を文学書で埋め尽くすことによって、文学者の生活を夢見た。私はいつでも手に触れる所に、文学を置いた。それは人生においての覚悟でもあった。

本は積んでおくものである。

そして夢を見、覚悟を決める。自分の身の回りに人生の英知が所狭しと並んでいる。私はそれらをいつでも手に入れることができるのだ。そうした雰囲気に、身を浸しておくこと。そのことが、今の私をつくったと言っても、過言ではない。

特に、今は新刊書がすぐに姿を消してしまう時代だ。本は出会ったその時に、とりあえずは買って、目の前に積んでおくべきである。

その点では今は便利になった。電子書籍なら端末にダウンロードするだけでいい。これはと思ったらキンドルにダウンロードしてストックしておけばいい。ストックされていれば暇な時にチェックしていずれ読むことができる。日頃のひと手間を惜しまないことが大切なのだ。タダでダウンロードできる時代だから、躊躇なくボタンをクリックできるはずだ。場所も取らず、タダで読めるのだから、これほど本を読みやすい時代はない。

学内で最も厳しい先生との出会い

授業にも出ないでダンスに明け暮れていた私が、大学3年生で変わる。3、4年生でゼミの担当の先生につき、卒論の指導を受けることになった。

先生に卒論の指導を受けるというのは、当時の学生にしてみれば弟子入りするようなものだった。

私は小説を書こうと思っていたので、どこか楽なゼミに入りたいと思っていた。文学部だから古典を選べば古文を勉強しなければならない。ところが現代文なら特別な勉強をしなくてもすむ。そんな単純な理由で近代文学の先生につくことに決めた。

ところがその先生がクリスチャンで、学内で最も厳しいことで評判の先生だったのだ。

その先生は毎週レポートを提出させた。2か月に1回は発表が回ってきた。ゼミには必ず大学院生や博士課程を修了した先輩が助手として参加した。そして学生の発表に対して一斉に総攻撃を仕掛ける。学生のプライドがズタズタにされてしまうのだ。

先生は「学問に専心せよ」と言って一切のクラブ活動もアルバイトも禁止した。酒もタバコも禁止である。とにかく学問以外のことに目を向けるなという。先生の指導はそれほど厳しかった。それまでの私の奔放な生き方とは、対極の生活を強いられた。

この時、優等生に変身していれば、一つのドラマにもなっただろう。だが、私は自分の怠惰な生活を変えられなかった。ゼミは窮屈で空気は重苦しかった。自由のないその生活に辟易した。

私はそこでも劣等生だった。

だが一つ確実に変わったことがある。小説の類しか読んだことがなかった私が、文学研究のために、否応なく論文を読まされる羽目になったことだ。

私は小難しい抽象的な文章とにらめっこをする事態に陥ったのだ。もちろん面白いはずがない。だが、難解な作品や論文を読むことを強要されたからこそ、論理的な頭を構築することができたのだ。

大嫌いな森鷗外を卒論に選ぶ

具体的に何かを教えてもらったわけではなかった、その先生に出会って人生が変わった。

きっかけは卒業論文のテーマを決めるために先生の研究室に呼ばれたことだった。

「もう卒論のテーマは決めましたか？」と聞かれた。当時私が、川端康成が好きだったことで、川端をやりたいと先生に言うと、

「川端はよくない。やめておきなさい」と言う。

私は一瞬頭が真っ白になった。意図がよくわからない。

「川端が駄目なら何にしますか」

私はもう一人の好きな作家、太宰治をやりますと言うと、

「太宰も駄目です」と、またしても拒否された。

「だったら芥川龍之介をやります」と言うと、やはり駄目だという。3人の名前を出して拒否されると、さすがに私も頭に血が上った。

「なぜですか？」と聞いた。

すると先生は「3人の共通点がわかりますか？」と聞いてきた。

川端康成と太宰治、芥川龍之介。活躍した時代も違えば、文学の内容も違う。何も共通点など思い浮かばない。すると先生がこういった。

「3人とも自殺をした作家です。君が無意識にこの3人の名前を出したということは、何かに取りつかれている証拠です。君がこれをやると君も自殺します」というのだ。

もしも理屈で否定されたら、徹底的に反論してやろうと思っていたが、何も言えなかった。

そして先生は「一番嫌いな作家は誰ですか」と尋ねた。

何も考えずに「森鷗外です」と答えた。森鷗外など読んで面白いと思ったこともないし、軍人の気取った感じが好きになれない。太宰や川端と真逆の作家だ。

すると先生は「では森鷗外を研究しなさい。これは決定です」と言ったのだ。

その結果、私は大学3年生から博士課程修了の7年間、一番嫌いな森鷗外の研究を無理やりやらされる羽目になった。

だが一番嫌いな作家を研究するという経験は、私に大切なことを教えてくれた。

それは大きなスケールの作家は、画一的な物差しではとうてい測れるものではないということだ。

鷗外の研究で学んだこと

今思えば、あの時森鷗外を研究テーマに選ばなかったなら、今の私は存在しなかったと思う。

だが私は博士課程を修了したのち、反発して先生の下を飛び出し、予備校の講師となった。

私が大学を飛び出してから、数年後に先生は突然亡くなられた。

今となっては、先生の真意を聞き出すことはできない。

だが、私は自殺を選ぶ作家の何かをかぎ分けて、そこにどっぷりと漬かっていたのだろう。もちろん、本当に自殺をする道を選んだかどうかはわからないが、その可能性がなかったとも言えない。

最も嫌いな鷗外の研究を始めてどうなったか。

国家と個人、文学と時代、ロマン、知的で静謐な世界と向き合うことになる。そのことで私自身の世界は押し広げられた。

鷗外を研究することで、漱石と出会った。芥川や太宰のことは、鷗外を知らなければ到底、理解できるものではない。だが、もし鷗外を研究しなければ、すべてをわかった顔をして、太宰や川端、芥川をしたり顔で論じていたのではないか、そう思うと冷や汗が出る。

漱石や鷗外といった大きな存在は、一つの物差しで測れるものではない。どのような感性や価値観を持った人でも、その作品に正面からぶつかれば必ずそれ以上の何かを与えてくれる。

人は自分と似たものに惹かれるが、そこから一体何が生まれてくるのだろう。大きなものに正面からぶつかる。鷗外、漱石、源氏物語、小林秀雄、ドストエフスキー、トルストイ、こういった作家の作品に一度も出会っていない人は不幸だ、そしてそれが自分とは対極に位置するものであったらなおさらよい。

自分と反対のものに正面からぶつかってこそ、実は自分の世界を広げることができる。そこから生まれる豊穣の世界に浸れるのだ。

私は自分の思いだけで人生を生きていた。論理のかけらもない、情緒人間だった。しかしこの先生と出会い、最も嫌いな鷗外の文学を研究したことから、私の読書は質的に大きく変わった。論理で読む術を身につけることになったのだ。

大学院に通うようになった頃から、私は予備校のアルバイトを始める。そこで徹底的に受験科目としての現代文を研究することによって、論理の重要性に気づいた。それからはひたすら論理力の研究を手掛けることになる。

それもあの時、大学の先生に出会ったからに他ならない。

私はたまたま3浪したわけだが、それはいってみれば人生の空白時間だった。人はそれを「人より3年遅れた」と言うかもしれないが、早いとか遅いという発想はおかしい。

日本には選択肢が少ない。受験するもしないも、浪人するもしないも、生きていることに違いがない。一人ひとりみんな違う経験をして生きるのだから、比較することにあまり意味はない。人はそれぞれ全く別の人生を歩んでいるのだ。

私はたまたまそういう経験をした。人とは違う経験ができたことはよかったように思う。

あの3年間が今の私をつくったといっても過言ではないからだ。

［４章］

論理力を身につける読書法

論理とはなにか

本章では論理をもとに文章を論理的に読む具体的な方法をお伝えする。

論理とはいくつかの規則を知った上で、その規則にしたがって文章を読むことだ。論理を知って読むのと知らずに読むのとでは、本という果実から受け取る栄養が全く違う。

読み方が違えば、頭の使い方も異なる。

文章には、そこに配置された言葉の数だけ意味が含まれている。長い文章には、膨大な言葉がある。なんとなく読んでいるだけでは全く意味が取れず、頭が混乱してしまう。

結果、ぼんやりとしたイメージしか残らない。ここは面白かった、ここは良かったという断片的なイメージだけが残り、1年後には読んだことは覚えていても、中身はぼんやりしてしまう。知識が蓄積されず、教養とはならないのだ。

ではどう読めばいいのか。論理を意識して読むのである。

では論理を意識するとはどういうことか。

文章というのは「要点（主張）」と「飾り」の二つの要素からできている。これを知っているだけで頭の使い方が違ってくる。

長い文章というのは飾りが多いだけで、要点はたった一つだ。

要点をわかりやすくするために、具体例にエピソード、比喩が繰り返されているのである。そんなふうに文章を構造的に理解するのが論理だ。構造で理解すると、文章はすんなり理解できるので、頭がすっきりする。

人間の体に例えるなら要点とは骸骨である。骸骨は一つだ。つまり著者が一番言いたいことである。

これに加えて、背骨が一本通っている。つまり筋が通っている。

だが骸骨と背骨だけでは生きていけない。生命を宿すために肉づけをする。肉とは、具体例や引用、比喩などである。

人間は裸のままで社会生活を送ることはできない。人目を気にして、服を身にまとい、女性はアクセサリーを身につけ、化粧をする。

それと同様に、文章も「飾り」をつけることによって、人に見てもらえる形になる。

このように人間に当てはめると、長い文章というのは肉がいっぱいついている太った体だとわかる。

また技巧的な文章とは、着飾って厚化粧をした体、ということになる。

どれだけ着飾っていようと厚化粧をしていようと、骨にすればどんな文章でも一緒である。

だから骨を意識することで、文章の要点がつかめるからすっきりと理解できる。

話したり、文章を書く時も同じことだ。思いつくままに話したり書いたりすると、相手にはわかりづらい。

骸骨（要点）と背骨をまず明らかにする。そこにどう肉をつけていくのか、どのように飾って人目を引くようにするかと順に考えていく。この発想で話や文章を構成するのが論理である。

個々の言葉はそれぞれに「意味」という情報を持つ。それを論理という規則で整理すれば、複雑な文章も正確に要点がつかめる。

内容が理解できれば記憶に残りやすく、考えを深めることができる。

理解した内容を論理的に話したり、書いたりできるようになる。

この作業を繰り返すことで、論理力が身につく。

本を読んでも論理力が身につかない人は、文章を論理的に整理しないまま読んでいる可能性が高い。論理で理解していないから、人に説明できず。記憶にも残らない。断片的な知識しか持てない。したがって深く考えることもできないのだ。

読書とは本来、何を選ぼうと何を読もうと自分の好きなようにすればいいと言った。だが、論理を知って読むのか、知らずに読むのかでは、まったく違うことをほとんどの人はわかっていない。

論理とは簡単に言うと言葉の最小限度の規則にしたがった使い方である。言葉の規則は「イコールの関係」「対立関係」「因果関係」の三つにすぎない。

あなたはまずこの三つの言葉の規則を獲得すればいい。それだけで生涯にわたる知的生活は随分充実したものとなる。

さらにはコミュニケーション能力が鍛えられ、格差社会や国際競争にも十分に勝ち抜くことができるようになるだろう。

「イコールの関係」と「対立関係」

ここからは論理的な読解法を詳しく説明する。

学術論文から、ビジネス書に至るまで、論理的な文章はある約束事で成り立っている。

そのことを意識して読むだけで、あなたの読書力が格段に上がるだけでなく、論理的な頭脳に鍛え上げることができる。

しかも英語の読解力も、飛躍的に高まってくる。

まとまった文章には、必ず筆者が伝えたいことがある。それを仮に命題と名づけよう。命題であるためには二つの条件がある。

① 一般的・普遍的であること
② 論証責任を伴うこと

たとえば「今晩ラーメンを食べようか、カレーにしようか」は、私個人の問題だから命題とは言わないし、また私が決めればすむことだから、論証する必要もない。「現在の経済状況は緩やかな下降線を描いている」は命題で、それゆえ論証する責任がある。

では、論証とはどうすればいいのか。

論証とは「筋道を立てて説明すること」である。

その筋道の立て方には、大きく二つある。

①イコールの関係
②対立関係

この二つである。

今あなたがある命題について説明するとしよう。

読み手（聞き手）は、不特定の他者である。その他者に向かって命題Aを述べる時、まずは証拠となる事例を挙げるに違いない。それが具体例である。

一つひとつの例はどれも異なった内容を持つが、論理という観点からすれば、すべてイコールの関係と言える。

①A　命題
＝
②A'　具体例

あるいは、あなたは先日のエピソードを持ち出すかもしれない。「先日こんなことがありました」と。自分の体験したものなら、より説得力のある例証となる。

これもA'つまり、Aという命題の繰り返しと言えるだろう。

つまり、論理的な文章である限りは、Aという命題は形を変えて繰り返されるのである。私たちはその表面的な形に惑わされて、それに気がつかない。

だが、論理の目で、物事の本質を読み取ってやれば、すべてがAの形を変えた繰り返しだとわかる。

引用もしかりである。あなたが誰かの話を引っ張ってくるのは、それが自分と同じことを述べているからである。漱石の文章を引用するのは、その文章が自分と同じことを言ってくれているからである。

命題は一般的、普遍的であって、それゆえ目に見えず、形を持たないことが多い。だから、私たちは「理屈はわかるんだけど、何かピンとこないなあ」と感じる。

そういった場合、何か身近なものに置き換えて同じことを繰り返す。これが比喩である。

こうしたレトリックのほとんどが命題の形を変えた繰り返しで、そういった意味でA''と言える

A　命題

＝

A'　具体例・エピソード・引用

＝

A''　比喩

これらが「イコールの関係」である。

それに対し、Aという命題に対し、対立命題Bを持ち出してくることがある。

日本について述べたいなら、西洋と比べるとわかりやすくなる。これが対比である。あるいはAという命題を論じたいなら、その反対であるBを持ち出して、それを否定するという展開もある。対立命題を高い地点で統一すれば、弁証法となる。

このように、論理を大別すれば、「イコールの関係」と「対立関係」だと言える。

人間が初めて「男と女」という言葉を生み出した時、すでに論理が自然発生した。あらゆる人間の共通点に着目し、こちらが「男」でこちらが「女」とした時、すでに私たちは「イコールの関係」でものを捉えていたのだ。

同時に「男」と「女」を比べた時、「対立関係」が発生する。

論理とはそうした言葉の使い方に他ならない。

言語の発生とともに論理は生まれ、それはすべての人類に共通な言語として、永遠に私たちの脳髄に生存し続ける。

読書の極意は、この論理を利用することにある。

それがロジカルリーディングである。

「因果関係」を理解する

論理的な文章はたいてい「小見出し段落」から成り立っている。この「小見出し」が「話題」もしくは「著者の主張」となっていることが多い。だから以下、その筋道を追っていけばいい。

小見出し段落においては「筆者の主張」が一つの場合も多いが、時には二つの場合もある。その時、二つの主張は「因果関係」で結ばれている。

A 筆者の主張1（理由・原因）

←（だから）

B 筆者の主張2（結論・結果）

筆者はまずAの主張を論証し、それを前提に、Bがその結論・結果となる、というように論理を展開する。

その場合は、Aが(理由・原因)となり、Bがその(結論・結果)となる。

二つの主張に何の関係もない場合があると思うかもしれないが、そういった心配はほとんどないと思っていい。もし筆者の主張1と2との間になんの因果関係もない場合は、一般には違う小見出しをつけるからである。

ここで一つ接続詞を思い出してほしい。

・私は一生懸命練習した。だから試合に勝った。

この場合「だから」が因果の接続語で、「試合に勝った」が結果で、「私は一生懸命勉強した」がその理由となる。

このように、文と文との関係にも因果関係があり、それと同じように短い文章であっても、その中に因果関係があるのである。

したがってまとまった文章を読む時は、その要点(命題)を取り出してみる。そして、筆者の主張が複数ある時は、その「因果関係」を考えてみる。

このように「イコールの関係」「対立関係」「因果関係」の三つを意識すれば、格段に本を読むスピードは速くなり、書かれた内容を深く、正確に把握することができるようになるだろう。

ここで一つ補足がある。日本語の文章の場合は、あえて理由を示さないことが多い。証拠となる具体例を挙げれば、それで読者は十分理解してくれると、筆者が無意識に信じ込んでいる場合が多いからである。

A 筆者の主張

＝

A' 証拠となる具体例

これが日本語の文章だ。ところが英文ではこうはいかない。

Aで筆者の主張を伝え、A'でその具体例を伝えたあと、今度はA'がAの証拠となる理由の説明をする。このように英文では一つひとつの主張に、理由の説明を執拗に入れてくる。だから複数の命題がある場合は、くどいほど因果関係を明示する。この辺りにも日本人と西洋人の民族性、文化、歴史的背景の違いがあって面白い。

論理力とは何か

論理力を獲得するためには言語の問題を抜きには語れない。

私たち日本人の場合、その言語が日本語であるため、一生、日本語でものを考え、日本語で文章を読み、日本語で表現する。

ここで一つ例を挙げよう。今、この場で言葉を使わずに「暑い」と感じてみてほしい。どうだろうか？

言葉がなければ、私たちは「暑い」と感じることはできず、すべてが混沌にすぎないことがわかるだろう。その状態をカオス（混沌）という。言葉を放棄した瞬間、私たちはカオスの世界に投げ出されるのだ。それは人間ではなく、犬や猫などの動物の世界である。

もしかすると、あなたはここで、次のように反論するかもしれない。「暑い」と感じるのは皮膚であり神経であって、決して言葉ではないのだと。

その通りである。確かに「暑い」と感じるのは皮膚であり、神経である。

だが言葉がなければ、それを「暑い」と認識することができないのだ。

例えば「甘い」「おいしい」「好きだ」「悲しい」、これらは全て言葉であって、実体があるわけではない。人がそれらの言葉で整理したにすぎない。

しかしその瞬間、私たちはカオスの状態から脱却できるのだ。

犬や猫だとそうはいかない。彼らはカオスの中に生まれて、カオスの状態のまま死んでいく。まして犬や猫は「暑い」とは思わない。なぜなら、そのために必要な言葉を持っていないからだ。

このように、私たち人間は外界のあらゆるものをいったん言葉で置き換え、整理し認識する。これは「空」でこれは「海」だ。これは「男」でこれは「女」だという具合に。なぜなら、私たちはカオスの状態が耐え切れないからだ。そして、整理した上で初めて認識し、感覚する。こうした意味で、言葉がなければ、私たちは考えることも感じることもできない。

だから、思考力も感覚も、突き詰めればすべて言葉の問題なのである。

つまり論理とは、言葉による世界の整理の仕方と言い換えてもいい。私たちは世界を一定の規則で、整理しようとする。それがわかれば、論理などは至って簡単で、誰でも確実に習得できるものなのである。

知識が定着する読書

ここで、論理が生まれた起源を想像してみよう。遠い昔、ある集落にA君、B君、C君がいたとする。

ある時、ある一群の共通点を取り出し、初めて人間が「男」という言葉を使った。共通の性質を抜き出すことを「抽象」という。その「男」という言葉を使った瞬間、その人間は「具体→一般」と抽象化を行ったことになる。

この時、その人間の頭脳に論理が誕生した。これが「イコールの関係」である。そして「男」と「女」という言葉を並べて使った瞬間、「対立関係」が生まれた。これが論理の誕生の瞬間だ。

このようにして私たちは「空と海」「男と女」「肉体と精神」などと、あらゆるものを論理で整理し、理解するようになった。

どの民族も他の民族と交流したわけではないのに、同じ言葉の使い方で世界を捉えようとしたのだ。

論理は言葉とともに生まれ、言葉がある限りはなくなることはない。そして、世界中の民族が同じ規則の下に、言葉を論理的に使う。これが論理の普遍性であって、それゆえギリシャではそれをロゴスと呼び、そこからロジックが生まれたのではないだろうか。

論理という武器を手にした時、人間は他のいかなる動物とも異なる存在となった。そして、あらゆる知的活動が言語によるものであるなら、そのわずかな規則を獲得することこそ、あなたの人生をより豊かにする方法なのである。

あなたはまずこの言葉の規則を獲得すればいい。それだけで生涯にわたる知的生活が充実したものとなる。さらにはコミュニケーション能力が鍛えられ、格差社会や国際競争でも十分に勝ち抜くことができるようになるだろう。

私たちは生涯にわたって、日本語でものを感じ、考え、話し、書き、記憶し、学習する。

これらすべての行為は、言語という万能の武器を使って行うことになる。

もし言葉の使い方を変えたら、私たちのものの感じ方も、頭の使い方も変わるのではないか。

感性も思考力も想像力さえも、言語訓練に関わるとすでに述べてきた。そこで読書によってそれらを徹底的に鍛え上げよう。

それによって思考力を鍛え、豊かな感性を身につける。さらにはコミュニケーション能力を高めていく。

映像文化の現在、誰もが絵と光と音の洪水の中で言語を喪失している。

もし、あなたが言葉をすくい上げることができたら、他とは異なる人生も可能なのである。

私たちはなんとなく文章を読み、読んだ先から貴重な情報を失っていく。

まるでザルで水をすくうようだ。

それに対し、読書によって得た知識を定着し、さらにそれを活性化させ、活用すること、それが可能なら、私たちの人生は随分と豊かになるはずだ。

読書から必要な情報を抜き取り、反復記憶し、それを自在に使いこなせるよう、頭の中に回路を作ってやる。それによって論理的な思考ができる頭脳に変えることに繋がるのが読書である。

現代文の入試問題で試してみる

「イコールの関係」「対立関係」「因果関係」という三つの論理を駆使して論理力を磨くには、難しい文章に当たるのが良い。この三つの論理がわかれば、東大の現代文の試験でさえスラスラと解けるようになる。

試しに東京大学の問題を解いてみるといい。拙著で申し訳ないが『東大現代文で思考力を鍛える』はおすすめの一冊だ。

入試問題は漠然と読んだのでは理解できない。難解な文章がわざわざ選んであり、しかもどの文章も現代を斬った、選りすぐられたものである。

大学が1年かけて自分の大学の顔となる文章を選んでいる。しかも情報公開の波が大学にも押し寄せてきた。どの大学もいい加減な問題が出題しにくくなっている。論理力を鍛えるにはもってこいだし、問題文を読むだけで気づきが得られることも多い。

すでに述べたように、映像時代に生きる私たちは若い時にそうした訓練を受けることなく、社会へ飛び出すようになった。いったいどこで頭を鍛えるのか。どうやって思考の言語を習得するのか。本来、受験時代に現代文を論理で読み解く訓練をしていたならまだしも、大方の人は現代文に関してまともな勉強をしていなかったのではないか。

三つの論理を駆使して論理力を磨くには、なるべく難解な文章に当たってみることだ。

全共闘時代、学生はたいていマルクスや吉本隆明などの難解な書物を読み、議論をふっかけ、抽象語を振りかざして、それなりに頭を鍛える時期があった。

なんでもいい。抽象語を多用した難解な論説文を一冊、何度も何度も繰り返し読むことである。

最初は宇宙人の言葉のように思えるかもしれない。わからなくてもいい。ひたすら論理を追っていくことをやってみてほしい。習うより慣れろである。

そのうちだんだん論理構造が見えてくるようになる。難しい文章を1日1回は読まないと、頭が痒くてどこか気持ち悪い。そこまで来たらしめたものだが、なかなかそううまくはいかない。もっと合理的で面白い方法を求めるのなら、現代文の入試問題を読むことである。

漢字の問題集を解く

あなたは学生時代、現代文という教科をしょせんセンスや感覚だと思い込んではいなかっただろうか。

私は現代文を「論理の教科」だと断言している。その意味では現代文は数学に最も近い。だが実際には現代文と数学はまるっきり正反対のようなイメージを持たれることが多い。

なぜなのか。ともに筆者が立てた筋道を追っていけば、最後には答えにたどり着くのだが、現代文は自然言語で表現する。それに対して数学は人工的な言語を使用する。

つまり両者のイメージの違いは、あくまで言語の性質によるものなのだ。

しかし見かけは違っても、論理で問題を解くという意味において、両者は同じだというのが私の考えだ。

もし現代文に当たって、まったく見たこともないような言葉が多いなら、一度漢字の問題集を一通り学んでみることをおすすめする。大学受験用の標準レベルのものならなんでもいいが、適切な意味と例文の掲載がないものはダメだ。

ここでの目的は、漢字の習得ではなく、抽象語をはじめとする言葉の習得である。だからこそ必ず例文の中で、言葉の意味、使い方をチェックしてほしい。

難解な論文や評論などの文章には、独特の言葉が出てくる。

それはいわゆる抽象語といわれる言葉で、日常で生活していては聞くこともないものだからだ。せっかく論理を意識しても、まったくその中に書かれてある内容が把握できないようであれば、まずは抽象語をはじめとする言葉の習得が大切である。

抽象語の大半は明治期に作られた

なぜ読書のために、漢字を習得しなければならないのか。その答えは日本の近代化にまで遡らなければならない。

江戸時代までの日本の言葉は、抽象的なものをあまり持たない、非常に感覚的な言語だった。そのため西洋の新しい学問思想を取り入れることが急務だった文明開化の頃、それらを日本語に翻訳しようにも、表す言葉が日本語の中に少なかった。

明治の知識人は、そのほとんどが江戸時代までの武士階級であり、彼らは漢文が必須の教養人であって、学問は主に漢文によってなされていた。そこで彼らは西洋の抽象語を二字の漢語に置き換えたのだ。

どうしても適当な漢語が見つからない時は、そのままカタカナに置き換えた。そうした理由で抽象語、論理語のほとんどが二字の言語となり、一部はカタカナ語となったのだ。

つまり漢字を習得するということは、論理語、抽象語を獲得するということになる。だからこそ例文の中で、その意味にこだわらなければならない。

漢字を習得すると同時に、あなたの頭脳も論理的なものへと変革する。一石二鳥ではないか。私たちは言葉でものを考える。そのため武器となる言葉をもう一度、整理し直すことも非常に有効なのである。

一つの文の中にも論理がある

文章を読むときは、その要点をつかまえなければならない。単語が集まって文節ができ上がり、その文節が集まって一文ができる。

文章とは、その一文の集まりにすぎない。一文も要点と飾りから成り立っている。

そこで、まずは要点をつかまえることだ。一文においても要点と飾りがあり、主語、述語さえつかめば、どんな複雑な文であっても簡単に意味を理解することができる。

論理とは、物事の筋道であるとすでに定義したが、その機能面から言うと、物事を関係づける働きがある。「イコール」「対立関係」「因果関係」もそうだが、一文にも「主語―述語」「修飾―被修飾」の関係がある。

また、文法用語には感動詞(独立語)といった品詞がある。「はい」とか「やあ」とかいった言葉で、独立語である。

逆に言うと、感動詞以外のすべての言葉は、必ず他の言葉とつながっているということである。それが言葉のつながりである。「主語―述語」「修飾―被修飾」も、広い意味では「言葉のつながり」であり、それを意識することが、文章を論理的に捉えることの第一歩となる。

文と文の間に論理がある

言葉と言葉には論理的なつながりがあり、それらが合わさって一つの文を作っている。そして一文が集まって段落を形成する。

当然一文と一文との間にも、論理的な関係は成立する。それを捉えるために、接続語の問題について考えてみよう。

受験期には現代文の問題で、空所に接続語を入れる問題を何度も解いたことがあると思う。「そして」「しかし」「例えば」などを入れるのだが、どんなに練習しても正答率が高くならなかったのではないか。

たいていの人は日常、接続語くらいは正しく使っているものである。それなのに、実際に問題を解くときは、やはり合ったり間違ったりする。

英語でも数学でも、練習すれば当然、それだけ正答率は上がってくるはずなのに、これは実に不思議なことである。

この接続語の問題は、あなたのどんな力を見るためのものなのだろうか。

実はあなたの論理力を試している。ふだん接続語を正しく使えたとしても、なんとなくといった文章の読み方をしている限り、正答率が上がることはない。

何問解いたところで変わらない。しかし論理的に読めば、自然と先を予想できるものである。

例えば、今がこうならば、次はこうしかないというように先を予想し、それを確認しながら読んでいけば、誤読の可能性はほとんどない。

一文と一文も、論理的な関係にあり、それを示しているのが接続語なのである。もし論理的に繋がらない時は、「さて」といった話題の転換を示す接続語を使うのである。一文の構造に着目したなら、次に接続語に着目して文章を読んでみよう。なんとなくといった読み方から、文章の論理構造を追っていく読み方に変えるために。

ここでもう一つ大切なのは、要点をつかむことだ。そのためには飾りの部分を排除しなければならない。

一文の要点は、主語と述語である。日本語においては主語が省略されることが多いから、先に述語を踏まえ、あとから主語を探し出すことが鉄則だ。

論理的な頭を作るには、この手順を意識することが大切である。

論理の前提となる他者意識

論理力とは何かを学ぶうえで、また物事を深く理解し自分の血肉とする上で、重要な力となる。一方で、自分が知り、理解し、習得したものを説明する力にもなる。

他者と自分との関係の中で、論理が生まれる。逆に、自分だけの世界に棲んでいると論理は必要ない。その論理の前提になっているのが「他者意識」だ。

他者意識とは、他者とはお互いに別の人間である限り、そう簡単には通じ合えないという意識のことである。だからこそ筋道を立てる必要が自然と起こってくる。

子供の頃から私たちは無意識のうちに論理を駆使している。

論理とは決して難しいものではない。難しく感じるのは、すでに習得している論理力が無自覚なだけに、有効に活用されていないからだ。論理を意識することによって、あなたの潜在的な能力が、自然と引き出されるようになるだろう。


生まれて間もない赤ちゃんには、まだ他者意識が生まれていない。

泣けば誰かが自分の不満を察して、それを解消してくれると信じているから、お腹がすいた時や、おむつを取り替えてほしい時など、その度に泣き声を上げる。

他者を意識する時、論理は自然発生的に生まれると先述したが、成長し、幼稚園に通い出す頃になると、早熟な子供は次第に他者を意識し始める。もちろんそこに自分の不満を知り、解消してくれる人が絶えずそばにいるとは限らない。さらにそこで出会う子供たちは、お互いにその感情を理解できない他者である。そうした子供たち同士が、いやでもコミュニケーションを取り合わなければならない時、子供は無意識のうちにも筋道を立てようとする。その時、論理が自然に発生するのだ。

幼稚園児の論理など、幼稚なものに他ならない。だが子供が「あのおもちゃ、誰々さんが持っているよ（具体例）」「先生もいいねって言ったよ（引用）」「だからお母さん、そのおもちゃ欲しいんだ（因果）」などと言った時、確かに論理を駆使しているのである。依存心が強い子供ほど感情的で、自立した子どもほど論理力が発達する。

一方、他者意識が希薄な時、言葉は省略に向かっていく。

初対面の人に対しては丁寧な言葉を使うが、次第に気心が知れていくと、言葉遣いはぞんざいになり、どんどん省略されていく。

恋人との会話、夫婦や家族との会話。あれほど言葉を尽くして口説いたのに、結婚した途端、会話から丁寧さが失われていく。

今の日本を眺めた時、私は愕然とする。

大人になり切れない若者や大人たちが世の中に溢れ出しているからだ。

彼らは何か不満があると「ムカツク」などの感情語を使用する。

そこには他者意識も論理もない。世界がどうであろうと、真理がなんであろうと、自分が「ムカツク」と言えば、それは否定されるべきこととなる。

「ムカツク」と言えば、誰かが自分の不満を察して、それを解消してくれると心のどこかで思っているから、自分の不満を他者に向かって論理的に説明しようともしない。

まるで赤ちゃんが泣くのと同じである。


こうした感情語の氾濫だけでなく、今や言葉の省略がどんどん進行している。

若者の間ではギャル語なる珍妙なものが流行し、世間一般でも例えば空気が読めないことを「ＫＹ」と省略する。

以前テレビのニュース番組で、ギャル語の取材を依頼されたことがある。なんでも雑誌から生まれた渋谷のカリスマギャルたちを集め、彼女たちの会話を聞いてほしいといった企画である。

正直、彼女たちが何を言ってるのか、さっぱりわからなかった。

感情語、省略語のオンパレードだ。その時、初めて「アゲアゲ」という言葉も知った。「アゲアゲ」とはテンションが上がっている状態のことだ。

この時、驚いたことがある。何も、ギャル語が理解できなかったからではない。彼女たちにその言葉の意味を聞いたところ、誰も答えられなかったことにだ。

自分たちが流行らせ、自分たちが日常使っている言葉の意味をである。

ただなんとなく使い、お互いになんとなくわかり合っているという。そこには他者意識のかけらもない。そうした言葉でわかり合っていると錯覚できることが、おそらく仲間の資格なのであろう。

他者意識が希薄なほど、言葉は省略に向かうのだ。論理の言葉とは対極にある。

私たちはこうした言葉を聞くと不愉快になることが多い。なぜなら狭い集団の中でしか通用しない、それ以外の人間を排除している言葉だからである。

もちろんギャル語は極端な例だが、こうした言葉が流行るのが現在の状況であるということだけは事実なのだ。

かくして感情語が氾濫し、言葉が次々と省略されていく。その裏で論理語が死滅しかけているのが、今の日本の現実そのものなのである。

他者意識とは

もう少し他者意識について触れておく。

他者意識とは、そもそも相手は自分のことを知らない、だからこそわかり合えなくて当然だ、という前提を持つということだ。

そして相手がどう考えているか、どんな人なのかといったことを考慮して話す。そうすることによって論理も自然に身につく。他者意識を持つことから論理が始まると言っていい。

その先に必要になってくるのが論理である。逆に論理は他者意識が前提になっている。論理力とは物事の筋道を理解して、それをきちんと説明するための力なのだ。

物事は、相手と理解の相違がないように、論理的に説明しなければ相手に伝わらない。そもそも人間は、個別の肉体を持ち、個別の体験をしているので、そう簡単にはわかり合えない。

「親の心子知らず」というように、親子でも夫婦でも親友同士でも、完全にわかることはできないものだ。こう言ってしまうと少し寂しい気もするが、人間は社会を構成して生きているので、自分以外の他者と関わり合って生きていかなければならない。

周りの人たちに関わり、コミュニケーションを取りたい、理解したい、いい関係を築きたい。そのための手段として論理が生まれ、活用されていると考えてもらいたい。

他者とわかり合うためには、相手と同じ所に立ち、自分のことを相手にわかるように伝える一方、相手の言うことも理解しなければならない。そのために論理力が必要となる。他人とつながりたいという衝動が、論理を起動させるスイッチになる。

他人とのコミュニケーションは、互いに他者意識を持って、相手の立場や考えを理解し合った上で成り立つものなのだ。

中学から高校、さらに大学へと進学していくと、次々に新しい人と出会い、知識や論理が育てられる。だがそれもあくまでも友だちレベルでのことで、社会に出れば出会う人のほとんどが友だちではない。

上司や取引先の人とはどんなに親しくなっても、他者意識と論理をしっかりと持たなければ、言いたいことを伝えることはできない。そこでみんなが悩んでしまう。

社会人として、周りの人たちから認められ、信頼されるためには論理力を身につけて、自分の言いたいことを伝えられるようにならなくてはいけない。

論理力と聞くと、難しいと思って身構えてしまう人もいるかもしれないが、社会人として必要になる論理は、それほど難しいものでもなく、複雑なものでもない。

先ほども述べたように、私たちが日常会話の中でも論理を扱っているし、子供の言葉にも、論理の芽生えがある。

だからほとんどの人にとって、ゼロからのスタートというわけではないのだ。学生時代のレポートや社会人になってからの企画書や報告書を書いたり、プレゼンなどで論理的な話し方をしたことは多いはずだ。

今度は、それを意識して実践すればいい。論理力を身につけるために、前提となる知識と論理的な話し方をふだんから意識しておくことが大事なのだ。文章の読み方をザルですくうやり方から、論理思考を身につけ、自ら成長させる読み方へ変えていく必要がある。その最良の方法は、読書の習慣を身につけることなのだ。

言葉OSを強化する

なぜ論理は名作と言われる文学作品で習得するのがいいのか。

それは人間が言語を使ってものを考えるからだ。

コンピュータも実は同じだ。あらゆるソフトはOSの上で動くのであって、ソフト単独ではどんな仕事もなしえない。なぜなら、すべての命令は言語を使ってなされるからだ。

人間の頭脳には、言語処理する場がどこかに設けられている。何をするにつけても私たちの知的活動は言葉なしでは不可能だからだ。それがコンピュータのOSに相当する。

そのOSが旧態依然のままなら、重たいソフトを動かすことができない。無理に動かそうとすると突然フリーズする。そのためソフトが次第に重たくなっていくと、それに応じてOSを強化していかなければならない。

同様に私たちは、小学校から中・高、大学、社会人と、次第に重たいソフトを動かさなければならなくなる。当然ソフトのレベルに応じて言語OSも強化しなければならない。

それなのに旧態依然のままで、重たいソフトを無理やり動かそうとして、頭がうまく使えないと、先天的な頭の良し悪しのせいにしてはいないだろうか。

通常、私たちは小学校4、5年生までに、日本語の基本的な使い方を習得するが、比較的早熟な子供とそうでない子とでは、習得レベルの個人差が大きい。

早熟な子供は既にOSができているから、人の話が理解できるし、それゆえ記憶も得意である。そうした子供を進学塾に入れて鍛え上げると、みるみる成績が上昇し、難関中学を突破することもできる。

だが、あくまで小学生レベルのソフトだから、子供のOSでも難なく動かすことができるわけで、OSの強化を怠っていると、中学校、高校とソフトが重たくなるにつれて頭が使えなくなる。いくら努力しても勉強がわからなくなるのは、非常に辛いことである。

中学受験まで秀才だったのに、大学受験になるとどうしても奮わなくなる子供たちがこのタイプだ。

言語の習得が人よりも遅い子供が、非常に苦労することが多い。まだ言語OSができていないから、何を聞いても良く理解できず、当然記憶することも困難である。分からないから学校の授業も面白くない。

そんな中、親が慌てて進学塾などに通わせると、もっと悲劇である。遊びたい時期にわからない勉強を無理やり押しつけられ、本人も劣等感を抱くこととなる。こうして自分は勉強ができないのだと思い込み、そのために将来を決定づけてしまう子供も実に多いのだ。

これは頭が悪いのではなく、単に言葉を習得するのが人よりも遅かっただけなのだ。なぜなら、誰でもいずれは日本語を喋れるようになるのだから。言葉の習得が人よりも遅いのは、その子供の個性であって、決して頭が悪いわけではない。

そのことと先天的な頭の良し悪しとは、明確に区別しなければならない。

もし子供が言語の習得が遅いなら、焦らずにじっくりと言語ＯＳを強化すればいいだけのことである。中学受験は無理でも、大学受験までには追いつき、追い越すことが可能なのである。

知能指数、偏差値などというのは、無数にある物差のたった一つにすぎない。人間の多様な能力を数値化することなどできない。ペーパーテストでその人の能力を決めつけ、頭がいいとか能力があるとか言っているのはおかしい。私は本来、知能指数や偏差値などというものが嫌いなのだ。

私は子供たちに入試問題の解き方を教えてきた。私のクラスに通う子供たちは当然ながら、大学合格や成績アップを目指して、私の授業を聞きに来る。だが、それらの目的は2次的な効果にすぎない。

本当に私が伝えたいのは、生涯にわたって自らを成長させるための力だ。文章を読み解く力が必要なのは、何も受験に限ったわけではない。むしろ大学生になってから、そして社会人になって仕事を持つに至ってからの方が、より求められる力である。だから生涯を通じて本を読み、そこから栄養分を吸収して成長できる力を授けたいとの思いで授業をしてきた。

もちろん、子供たちは受験合格を目指して予備校に来ているのだから、公にはそのようなことを言わないが、自然に成長できる論理力を身につけてもらうことを主眼に置いている。

論理力を身につければ、受験は簡単にクリアできる。

入試は出題文を理解したかどうかを試すために行われているわけで、論理的に読めば必ず理解できるのだ。反対に、論理を知らず、好きなように読んでしまっている人は、試験問題を解いても当たったり間違えたりを繰り返している。だから国語はいつまで経っても曖昧なものだと考える人が多いが、本当はそうではない。

言語OSを強化するには一体どうしたらいいのか。

言語＝思考である限り、まずは抽象語をはじめとする言葉の習得が大切である。基本的に言葉は読書によって習得すべきものである。

ただ本書の目的は、教養と想像力を身につけるための読書の仕方を伝えることだ。そのために必要なのが論理である。

今からでも遅くはない。頭は何歳になっても鍛えることができる。

演繹と帰納

ここで論理エンジンの内容と方法を説明しておこう。

現代文では同じ文章、同じ質問が出題するとされることはめったにない。それならば、与えられた問題を完璧に説明したところで、それは一体どんな意味があるのだろうかというのが私の疑問だった。

私はいつのまにか論理的な頭の働きを覚えていった。

論理の方法には演繹法と帰納法とがある。

演繹とは一般から具体を導く方法である。

たとえば数学や物理学には公式というものがある。公式は一般的、普遍的で、いつでも正しい。そうした公式に照らし合わせて、個々具体的な問題解決を図るのが演繹である。

裁判も、演繹的だ。裁判官が法律を作るわけではない。法律には誰がどこで、いくら盗んだという具体が述べられているわけではない。法律に照らし合わせて、個々具体的な事件の判決を下すのだから、演繹である。

それに対して、りんごが木から落ちる現象、月の満ち欠け、振り子や斜面の運動など、個々バラバラな現象から共通点を抜き出し、法則を導くのが帰納法である。

その時は決して意識していたのではない。

だが、私は一つひとつの入試問題は、何一つ同じものはないが、その共通性を抜き取り、ある程度の法則性を発見してやれば、どんな問題も行き当たりばったりで解くよりもはるかに有効だと考えたのである。

今思えばまさに、帰納法を無意識のうちに実践していたのだ。

論理とは何か。空所問題はどんな力を判定するのか、接続語の働きはなど、一つひとつ自分の頭で考え、抽象化し、それぞれの法則を導いていく。

次の年、自分の発見した法則にしたがって、個々の問題を説明していった。まさに今度は演繹的な講義をしたのだ。

すると、生徒の表情が目に見えて明るくなる。ああわかったという顔をし出したのである。

もちろん、私の法則に当てはまらない問題があった時は、自分の法則自体が不完全ではないかと疑った。そうやって次第にあらゆるものに対応できるよう鍛え上げていった。

そうしているうちに、私の人気が爆発し、やがて、それらをまとめて一冊の参考書を執筆することになった。

今思うと演繹と帰納の日々の繰り返しが、私の頭をかつてと違うものに変貌させたのだ。

それは誰でも読書を通じて実践可能なものである。

それは個人的体験から生まれた

浪人生が受験勉強をする人のことを意味するなら、私が3年浪人したというのは嘘だ。私は3年間の間、授業など聞いたこともなかった。まったく勉強していなかったのだ。

浪人という名目でのらりくらりしていただけで、パチンコ、麻雀で暮らしていた。ところが、私の周りの成功している人には、意外とそういう人が多い。なぜなら、そういう人たちは、周囲の人間とは違う、新しい発想をするからだ。

学校や予備校の先生の授業を聞くより、10分の読書の方がはるかに深い内容であることがわかっていた。

だから私は小説家になろうと思ったのだ。

小説家になるのだから、受験勉強など全くしなかった。

だから私が予備校の先生になるとは、想像だにしない出来事だった。

私は勉強が嫌いだったし、まったくしてこなかったが、今は現代文のカリスマと言われるようになった。なぜそんなことになったのかといえば、もしもこんなものがあったら助かる、という新しいもの、画期的なものをイメージする力があったからだ。

古い勉強をしている人、古い固定観念や常識知識を持っている人には、その力がない。エリートが社会に出てあまり活躍できないのは、知っていることが多く、それを使って考えることはできるが、今ないものをイメージできないからである。

私は単調な記憶、計算、詰め込み教育が生理的に受けつけられなかった。

当然だが、授業も面白くない。

だったら自分で本を選んで、自分で考えた方がいいと思った。今、思えば、それが幸いとなったのかもしれない。

昔から私はいろいろな発明をしてきた。今、人々から注目されているようなネット上のサービスなど、昔からとっくに考えていたことばかりだ。

特許もいくつか取得している。しかし当時はそれを形にするお金も力もなかった。ようやく今それを実現している。たとえば今、手掛けている幼児教室のフランチャイズ展開や、国際標準論理文章能力検定の創設などがそれだ。

こういうものは、現実に存在しないものをイメージする力から生まれた。

今はＡＩとロボットを駆使することで、アイデアを具現化しやすい時代になった。これからの時代は、アイデアを持つ人間が活躍することになるだろう。

このようにＡＩが絶対に持つことのできない「想像力」を私は読書から獲得したのだ。

習熟するということ

私は情緒的人間だった。論理のかけらもなかった。では一体いつ論理的な思考を身につけたのか。正直に言えばこの時にこれをやったからという特別な理由は思い浮かばない。

ただ、私が数々の現代文の入試問題を読み解き、そこから共通性や論理性を見出していく過程や、それ以後の検証と改善の日々によって、自然に身についてきたのだろうと言うしかない。

もう一つだけ論理力に関して伝えておきたいことがある。

それは、論理的な頭脳を養成するには習熟することが必要だということである。

論理というものは、一度頭で理解できたからといって、すぐに使いこなせるようなものではない。毎日の読書を通じて、自然に明瞭になり、使えるようになっていくものなのだ。私はそれを習熟と言っている。物事は習熟するまでやりこなすことによって、初めて生活の中で生かすことができるようになる。

例えばご飯を食べる時、私たちは箸の持ち方を意識しない。なぜなら習熟しているからである。自転車に乗る時、最初はハンドルの握り方、ペダルの漕ぎ方などを確認しながらこわごわと運転の仕方を訓練したが、実際に乗り馴れたら、運転の仕方など意識することはない。自然と体が動いていくからだ。

スポーツ選手も同じことだ。試合では無意識のうちに体が動かなければ話にならない。そのためには何度も練習を繰り返さなければならない。

野球をしたことがない人がピッチングの本を読めば、投げ方を知ることはできる。しかし、いちいち頭の中で、「まず両腕を上げ、その次に体を捻り、そして片足を上げ、体の体重移動でボールをリリースする」と頭の中で考えながらボールを投げている間は、まともなボールは投げられない。

理屈や方法を理解したら、毎日繰り返し実践する中で体が覚え、やがて無意識に体が動くようになる。そうなった時に、あなたは初めてピッチャーの一人となる。

つまり私の本を一冊読んだからといって、すぐに難解な本が論理的に読み解けるようにはならない。論理を知り、ロジカルリーディングを日々実践することによって、着実にその力を身につけることができるのだ。つまり習熟することができる。

何も考えなくても頭が勝手に文章から文脈を読み取り、その関係性を判断し、著者の主張を正確に理解することができるようになるのだ。

論理的な思考を身につけるには、日々の読書によって習熟することが一番の方法である。

しかも論理的な思考を身につけて読書を続ければ、次第に教養が身についていく。だから論理を意識した読書をするのである。

あなたが本気で自分を変えたいと思うならば、日常的に言葉の使い方を意識し習熟することだ。それには読書が一番有効なのである。1日10分でもいいから必ず毎日本を読むこと。この本をきっかけに本書が提示する言葉の規則、論理の法則をいつも頭に置いて精読することが大切なのである

たとえ1年間でも論理を意識して本気で本を読めば、全然違う人生になる。

［5 章］

ロジカルリーディングで脳力アップする

自分を殺す訓練をする

頭脳というのは、訓練していれば必ず発達する。逆に、何もしていなければ衰える。読書は頭脳を鍛える上で最適な方法だ。

内容のある本を読んでいれば、毎日の刺激にもなり、脳を鍛えることにもなる。さらに人格を深めることにもつながる。読書は一石三鳥の効果がある。

読書によって論理力を磨き、創造力や感性を磨く上で重要なことがある。それは何かというと「自分を殺す」という訓練である。なぜそんな訓練が必要なのか。漱石や鷗外と対話するには、自分を殺さなければいけないからだ。「自分を殺す」とは自らの私情や感情を抑えて、相手の言うことを受け入れるということだ。

ところが現代はそれとは真逆の時代である。みんなが好きなように、自己主張をする時代である。個性を発揮することが何より大切だと言われて育つ。その結果、自分と異なる意見や考えを、即座にはねつけてしまう。

歴史的にもかつてなかったほど、自分を殺せない時代と言っていい。

今は情報社会だといわれる。だがその意味をほとんどの人が勘違いしている。情報社会というのは、あらゆる情報を享受できる時代だと思っているようだが、それは情報が見えない社会のことを言う。現代は、本当の情報がわからない時代なのだ。アマゾンを考えてみてほしい。アマゾンで本を買ったとたん、ＡＩがその履歴からおすすめの本を提示してくれるだろう。書店に行かない限り、自分の関心のある本以外の情報はつかめない。

というように情報社会とは自分の趣味に近い情報ばかりが集まってくる社会のことなのだ。今、ほとんどの人は、特定の情報しか集まってこない環境下に生きている。

それ以外のことは見えなくなっている。

ＳＮＳでも同じことだ。自分の関心のある人をフォローし、同じ考えや思想を持つ人とネット上で集団を作っている。そうなれば、自分に都合のいい情報しか集まってこないから、それ以外の情報が全部目に入らなくなってしまう。

そうなると、自分の思想や思考こそが正しいと思い込んでしまい、それとは異なる意見に対して人はヒステリックになる。日中や日韓の関係もこの構図と同じだ。それぞれがまったく違う情報に囲まれているから接点がなくなり、相手を理解することができないまま、溝が深まるばかりである。

ところが夏目漱石、芥川龍之介、太宰治、森鷗外といった人たちは、今とはまったく違う時代を生きた人たちである。

彼らの作品を読み、理解するには、自分とは違う時代を生きた人の、今とはまったく違う価値観を持つ人間と付き合いを始めるようなものだ。その作品を理解するには自分を殺さなければならない。

だが現代を生きる人は、自分を殺せない。だから何を選ぶにしても自分の好きなものだけを集め、好きな解釈をしてしまう。ちょっとかじっただけで好きだ、嫌いだですませてしまう。それでは文豪たちの考えを深く読み取ったことにはならない。

せっかく漱石を読んでも、自分と自分の対話でしかない。したがって自分の世界が広がらない。

漱石や鷗外は圧倒的な知性の持ち主である。こういう知性の持ち主は、現代人にはいない。なぜなら当時に比べて、現代はあまりに便利になってしまったからだ。

知性を鍛え思考に深さをもたらすものは、不便さである。何をするにも便利になった現代の人たちは、ものを考えなくなったということだ。スイッチを押せば灯がつき、ご飯が炊け、情報が得られる。行き先を入力すれば、カーナビが自動で道案内をしてくれる。便利になった分だけ、人はものを考えなくなるのだ。

だが近代は何もなかった。鷗外は医者の家に生まれ、漢文の素養があり、蘭学を習得してドイツ語で医学を学び、英語も習得した。ドイツ語の先生など日本にはいなかったのにドイツ語を読み、ドイツに留学して細菌学者のコッホに師事して、ドイツ語で講義を受け、世界最高の医学講義を受けたのだ。

彼は欧州の文学を読みこなし、社交界にもデビューした。先生も辞書もない時代にである。いかに頭を使ったか想像さえできないはずだ。現代ではありえない知性なのだ。

そんな圧倒的な知性が渾身の力でまとめた本が、今ではタダで読める。それにもかかわらず、自分の小さな世界の中で、好きだ嫌いだと言っているから教養が身につかない。彼らの作品を理解しようと思えば、自分を殺してこちらから歩み寄っていくしかない。それによって初めて漱石や鷗外と対話ができるのだ。

圧倒的な知性と対話を繰り返せば、自然に自分の世界が広がり、深まっていくに決まっている。

一度、自分を殺して彼らの世界に浸かってみれば、ものの見方が全然違うことに気づくだろう。どれほど深くものを考えていたか、わかるだろう。それを理解できる人間が教養のある人間なのだ。教養とは単なる知識ではない。検索すればなんでもわかってしまう時代に生きる人の多くがそのことをわかっていない。

昔の文豪が残した言語を体験する意味

昔の文学は暗いと、若い人たちはいう。

なぜそんな作品を無理して読まなければならないのかと、反発する人もいるに違いない。

確かに漱石は、現代の医者にかかればノイローゼの重病患者として、医療施設に入ることを勧められたに違いない。

また有島武郎、北村透谷、芥川龍之介、太宰治、川端康成などの偉大な文学者たちはみんな自殺している。こういう人たちは道徳的な人でもなければ、人の模範になるような人物でもない。そんな人の作品を読んでどんな意味があるのかと問いたくなるだろう。

太宰治は、こんなことを書き残している。もし自分が先生と呼ばれるに値するものがあるとすれば、自分ほど苦しんだ人間はいないという自負だけだと。

現代に生きる私たちに、同じことができるだろうか。それほど苦しんで自殺を繰り返すのは誰もが嫌なはずだ。だが、彼らが見たり感じた悲しみは、この世から消えたのだろうか。いや変わらず私たちの生きるこの世にも本質的な悲しみは厳然として存在する。

彼らは、人類の苦しみ、悲しみを、全部背負って生きてくれたのだと思えばいい。我々には見えない世界を彼らは見ていた。本当のどん底を見ていたのだ。それを言葉で取り出して、私たちに知らせてくれている。

私たち現代人は、彼らと同じ経験はできないし、ましてや言葉でそれを取り出すことなど無理だ。我々が見えていない深い世界を彼らは見、同時に幸いにも言語化する能力があった。それは人類にとっては幸いなことだった。

彼らは１００年に一度の作家だと言っていい。そんな１００年に一人の文学者が、あの時代に集中したのだ。

そういう知の巨人たちが書いたものが目の前にある。それを読むことによって深くものを見たり、人の苦しみや悲しみ、絶望を言語体験することができるのだ。

こういうことを知らず、目先の損得勘定や好き嫌いで日常生活を送っているのでは、人間の深みを知ることなく、上辺だけの喜び、悲しみしか理解できない人間になってしまう。文学を読むことは、人間の本質を知ることだ。人間の本質を知らずして教養は身につかない。

速読と論理的な読み方の違い

速読がブームだ。だが、名作といわれる文学は速読できない。

速読というのは、膨大な情報からあなたが必要な情報を手に入れるための手段である。

情報化時代にあって、職場でそうした能力が求められるシーンは多いに違いない。

しかしそこで得た知識は自分の血肉にはならないと思っていた方がいい。つまり教養を身につける上では、まったく役に立たないと割り切るべきだ。

しかし一方で、論理で読み解く力をつけることは、文章を早く読む力を身につけることに通じる。本当に論理力が身についた状態で文章に向かえば、実はそれは自分の血肉になり、教養として蓄積することも可能になる。

表面的な速さを求めるなら、斜め読み程度の速読に頼るのもいいだろう。しかし長い目で見れば、論理力を鍛えることが処理能力の速さと、理解力の深さを同時に獲得することにつながる。速読のテクニックを習得するより、論理を身につけた方がのちの人生にとってははるかに意義のあることだ。

ここで論理を使った読み方の実践方法を紹介しよう。

どんなに長い文章でも、必ず「要点」と「飾り」とでできている。まずはそこに目をつけて要点を取り出す。文章の要点と要点も、論理の法則で成り立っているから、それを踏まえれば著者の主張をすぐに捉えることができる。

このように論理を意識し筋道を追っていけば、素早く要点をつかまえることができる。正確に、速く読むことができる。そうすることであなたの頭脳は明晰になる。

そして文章を理解しているからこそ、内容を人に説明したり、頭の中で整理し、記憶したりすることが可能になる。

大切なことは、こうした論理的な見方を体得することで、自然にあなたの頭脳が論理的なものへと改造されることである。

私たちは精読という時に、ゆっくりと読むことだと思っている。これは戦後からの国語教育になって、文章をゆっくり読むことが精読だと間違った観念を押しつけられた結果である。

国語の授業では、本来10分かそこらで読める短い文章を、一週間も二週間もかけて読み込んでいく。だが、それで深く読み込めたかというとそうではない。かえって内容がわからなくなってしまう。

しかし日本の子どもたちは、小学校の授業で文学はじっくりと、ゆっくりと読むものだという意識を植えつけられてしまっている。

ゆっくり読むことは精読ではない。単に頭の回転が止まっているだけだ。

真の精読とは、素早くかつ正確に文章を読み取り、それをゆっくりと鑑賞することだ。

その点では、表面的には速読に近いのだ。

文章を読み込む速さというのは、結局のところ目の動きの速さである。人の頭の回転は、目の動きに比例する。

私たちは文章の論理を追っている時、目を先へ先へと自然に動かしている。その時、頭は目まぐるしく回転し始めている。だが、目が活字の前で止まった時、私たちの頭脳の回転も止まる。だから、速読の多くは、目を素早く動かす技術を体得させるのだ。

だが、私の読書法は違う。私の方法は、論理とは無関係な、目を動かす技術的な訓練をするのではなく、論理を意識することで目を先へ先へと動かすものである。

これは速読と似て非なるものだ。論理とは先を予想する方法だ。だから自然に目が先へ動くのである。

つまり論理力を身につけるということは、自然に目がそうした動きになっていくプロセスであり、目を動かすトレーニングが中心になっている速読とは大きく違う。

むしろゆっくり読むということは、文章の論理を追っていないことになる。深く読めていないということだ。

もしもあなたが論理的な読み方ができるようになれば、自然に文章を早く読むようになる。同時に正確に読むことができる。速読法よりもよほど実になる、身につく、ためになる自分の強いスキルになるということだ。

論理力を鍛えるトレーニング

ここで、論理力を鍛える具体的な読書のトレーニング法について紹介しよう。

第4章では、文と文との間には論理的な関係性があり、それを示すのが接続語だと説明した。それならば接続語を完全に使いこなせれば、文章を論理的に読み書きできるし、自然と論理脳を構築できるということになる。

まずは比較的内容が堅めの本を用意してほしい。もちろん自分が興味のある分野の方がいい。理想を言えば、2冊用意した方がいいが、それが無理ならトレーニングをする章だけ、コピーしてもいい。

そこで、自分が読みたい章をコピーし、すべての接続語を見えないように塗りつぶす。そしてその文章を繰り返し読むのである。トレーニングは塗りつぶしたコピーか、塗りつぶした本の文章を読むのだから、答えは塗りつぶしていない元の本を見ればすぐにわかる。そうやって接続語の使い方を体に叩き込むのだ。


さらに、日本語の使い方を習熟するには、助動詞、助詞をマスターすることも大切である。だから今度は助動詞・助詞を全て塗りつぶして、その本を読んでみる。

助動詞とは例えば「かもしれない」「しなければならない」「するだろう」といった動詞に意味を付加する語で、助詞は「てにをは」と呼ばれ、例えば「海に行った」の「に」に当たる。

このように一冊は解答用として綺麗なまま保管し、コピーもしくはもう一冊を、何度も読むことで、あなたの頭脳を鍛えることができる。

日常的にこうした訓練をしていれば、文章を論理的に読み進める習慣がつく。それで自然に文章を読むことが速くなると同時に、文章に書いてある内容を正確に把握するトレーニングになるのだ。

仕事で読むビジネス書の効率的な読み方

本書では漫画やビジネス書の類は読書の対象ではないと言ってきた。だが、情報時代に生きる読者の方々は、仕事上において、誰よりも早く、多くの情報を手に入れ、それらを自分のものとすることが求められているに違いない。数多くのビジネス書から学ばなければならないことも多いだろう。

そこで、そういう方々のために、ここではそうしたビジネス書の効率的な読み方も紹介しておくことにする。

ビジネス書を素早く読み込み、理解するには、まず目次を眺める。ビジネス書では本のタイトルがあり、次に目次を見ると、まず章立てがあり、その後さらに小見出しがある。

本書でも例外ではないから是非参考にしてほしい。

ビジネス書は目次をうまく活用することがコツだ。ここで本全体の構成と、その意図を読み取る。書店で立ち読みをして、その本を買おうかどうかを判断する時にも役立つ。

次に、小見出しを見て、自分に必要と思われる項目をチェックする。何も順番に全部読む必要はない。読みたい小見出しを見つけ、そのページを開く。

一つの小見出し、段落で筆者が言いたいことはたった一つである。

もし新しいことが言いたければ、次の小見出し、段落に移ることが一般的である。

ただし、Aを形を変えて繰り返すだけなのか、もしくはAを述べた後、それを前提にだからBだと論を展開するのかを見定める必要がある。

後者の場合は、筆者が最も主張するのはBということになる(A→Bの因果関係)。

このように「イコールの関係」と「対立関係」それとA→Bの「因果関係」に着目して読むのである。

どれほど難しい文章でも、命題はたった一つだけで、それはすでに小見出しとしてあらかじめ提示されている。

命題をAとすると、あとはそのAを形を変えてくり返すのか、あるいは対立関係Bを利用しているだけなのだ。

それがわかると、どんな難解な文章も面白いほどわかってくる。

評論やビジネス文書がすらすら読めるだけでなく、自然と論理的な読解法が身についていくのだ。

自分の生活感覚を捨て去れ

自分の生活感覚を捨てることほど難しいことはない。

しかし、論理的な読み方に変えていくには、これまでの生活感覚を捨て去る必要がある。

物事にとらわれてはならない。

それは自由で柔軟な思考を獲得することでもある。

男は男であることにとらわれてはいけない。女は女であることにとらわれたら、何を選んでも何もあなたにもたらさない。

右の思想も左の思想も、それにとらわれた瞬間、あなたの思考は停止する。一つのものを一定の角度しか捉えなくなる。

いつも同じ角度でものを捉えるということは、いつも同じものを見て、同じものを見えなくする。

何を選んだところで、何を見たところで、必ず死角が生じてしまう。

だからこそ一つのものを様々な角度から捉えてみる。それが「レトリック感覚」であり、それには自由な思考が必要となる。

できれば自分の趣味趣向や好みとは真逆なものを読むことも大切なのである。

レトリック感覚とは

先ほどレトリック感覚という言葉を用いた。レトリック感覚とは何か。

レトリックとは、巧みな表現のことである。

同じものでも、視点を変えると違って見えることがある。するとそれが表現に反映する。

人間の顔を一つ取っても、正面から見るのと、横から見るのとでは少し違う。ましてや、真上から見たり、下から覗くと別の人間のように見えるだろう。全く別の角度から物事を見て、自分の目に映ったものを、それにふさわしい言葉で表現する。

それがレトリックである。

詩人は、見慣れた風景でもものでも、それを全く違った角度から捉え、新しい意味合いとして私たちに言葉で提示する。しかしそれは詩人だけの仕事ではない。

私たちは、身近に触れるものを一つひとつ取り出し、違う角度から見てそれに言葉を与え、表現を変えれば、世界を再びみずみずしく蘇らせることができる。それがレトリックの効用である。

世界を絶えず違った角度で捉え、様々な表現を駆使する。私たちは毎日、違った朝を迎える。すべてが新鮮で、世界は絶えず新しくよみがえる。

生きるそのこと自体がすでに冒険であり、私たちは毎日、未知の世界に旅立つのだ。本を読む喜びはそのことと無関係ではない。

文章力アップ

活字離れの時代といわれるが、逆に現代ほど私たちが書くというスキルを活用している時代はないと思う。

例えば、スマホでのメールのやり取りや、インターネットを通じての様々な書き込み。ホームページやブログ、あるいはTwitterやFacebook、Instagramなど、子どもから大人まで書くことを身近に感じている。またネット上のメディアやメールを使ったマーケティング手法の発達によって仕事として、一般の人に向けて何かを書く必要に迫られている人も急増している。

だが、どれほど論理的に書いているかとなると、はなはだ心許ないのではないか。特に知人へのメールや、自分のブログなどでは、感情語や省略、絵文字のオンパレードではないだろうか。それではとても論理的とは言えない。

仕事上でのやり取りについては、簡潔で論理的でなければならない。だが、どれほどの人がそれを実践できているだろうか。

仕事の相手に送る文章は、論理的でなければ困る。さらにはレポート、企画書、論文などでは、論理的な用語と文体、そして論証能力が問われることとなる。

もちろんその前提として、正確な日本語の使い方が問われることは言うまでもない。

こうした能力は、日頃の読書を通じて鍛えておかなければならない。一朝一夕で身に付くスキルではないのだ。日頃から内容のある文学作品に触れている人は、そうした能力が自然に身についているはずだ。

文章力を鍛えるための方法を、一つ紹介しておこう。

ビジネスにおいては、メールを活用することが必須になっている。

そこで、名刺を交換した時、必ずその日のうちにお礼のメールを送る。

その時に、確認のため、その日に話した内容を論理的に整理する。それを毎回実践するだけで、論理的に書くスキルは磨かれる。しかも文章で確認することで、のちのちのトラブルを避けることができる。

さらには、そのことによって、あなたへの信頼感も増すことになる。

第一、あなたの論理力を相手にアピールする絶好のチャンスになるのだ。

そうやって、一人ひとりに対し、信頼関係を構築することが、文章力をアップさせるのと同時にあなたに多くのビジネスチャンスをもたらすに違いない。

ストックノート活用法

ここで文章力をアップさせる具体的な、そして効果的な方法を一つご紹介したい。

それはストックノートの活用だ。

良い文章を読んでも、そのままにしておけば忘却の彼方に逸してしまう。せっかく文章を理解したのだから、それをノートにストックしておこう。

人間の記憶力では一言一句間違いなく記録することは難しい。だが文章として公に紹介するには、一字たりとも間違いは許されない。

だから自分が読んで印象に残った文章や何かで引用したいと思った文章に出合ったら、それを保存し、絶えず活用できるような状態にしておくことだ。

そのための手段が、ストックノートである。

厚めの大学ノートを一冊用意してほしい。一つの文章に、見開き2ページを使用する。左ページは話題、図式、要約文を書く。こうした作業を通して論理力を鍛え、その上で論理の言葉、論理の文体を習得する。

右頁は空けておく。

ストックするのは、あなたがなんらかの理由で貯めておきたい、記憶しておきたいと思った文章で、しかもその論理構造をつかむためのものである。

次にノートを活用する。

ちょっとした空き時間に、左頁の要約文を読み、その内容を思い浮かべてみる。あなたの一冊のノートには、あなたが大切にしている文章が全てストックされている。

そのノートはいつでも鞄の中にあり、簡単に取り出して確認することができるのだ。

そうしているうちに、左頁の話題を見るだけで、その内容が自然に浮かんでくるようになる。ストックの内容が消化されたのだ。

ストックが次第に消化されたなら、自然とそれに関していろんな考えが思い浮かぶようになる。その時、忘れないうちに、右頁に自分の言葉でメモをしておく。

左頁がストックで、筆者の言葉。右頁が自分が考えたことで、自分の言葉のメモ。

このように右頁と左頁は厳密に分けておく。

無理に右頁を埋める必要はない。必ず次から次へといろいろな考えが浮かんでくるようになる。その時が来るまでじっと待つのだ。

次第にストックが消化され始めると、自分の考えは自然と浮かんでくる。右頁の「自分の考え」が埋まり始めたならしめたもの。あなたはものを論理的に考える人間に変貌していることだろう。

これは、これまでに十分読書を重ねてきた人にも有効な方法なので、一度試してもらうといい。これで文章を書く力も格段に上がるはずだ。

もちろんふだん使用している電子ツールやパソコンのワープロソフトやスマホのメモアプリを利用して書き溜めてもいいだろう。

ただ見開きで活用できるアプリは今のところめぼしいものがない。電子ツールを活用する時は、上下で「ストック」と「自分の考え」とが対応するように、独自の書式を作ってはいかがだろう。

記憶力を高める本の読み方

本は線を引きながら読むのが良い。好きなフレーズ、心に留まったことなど、重要だと思うところに線を引くのだ。線を引くことによって、その箇所と他とを差別化できる。

そのことだけでも言葉が心に残っていくことがある。

しかし、もしあなたが論理力を身につけたいなら、あるいは読んだ内容を記憶に留め吸収したいなら、筆者の立てた筋道を追い、大切だと思った箇所に線を引けば良い。

この場合、あなたが大切だと思った箇所ではなく、筆者が主張したいことに線を引くのがポイントだ。

次に線を引っ張ったところだけ読んでみる。おそらく一つの小見出し段落で、数箇所線を引いていることだろう。その箇所だけを読んで、全体を思い浮かべるのである。筆者は何が言いたくて、それをどのような筋道で説明したのか。それがわかった時、その文章はひとまずあなたのものとなる。

評論や思想書、哲学書の類は、一度読んだだけではなかなか内容を、自分のものにはできない。かといって二度読むほど時間の余裕がないかもしれない。ならば線を引いたところだけ読めばいい。

それをたどることで内容が理解できたなら、その文章を論理的に理解できた証拠だ。理解できたからこそ、それを消化し、自分のものとすることが可能になる筆者の筋道が理解できたら、線を引くべきところが自然にわかる。うまく線が引けたら再読するときに傍線箇所を読むだけで、内容がありありと浮かんでくる。それが論理的に理解できたということだ。

人に説明できるように読む

文章を論理的に理解できたなら、図式化できるはずである。

要点（命題）はなんで、それをどのように論証したのか。その筋道の立て方は「イコールの関係」か「対立関係」である。そして命題Aを繰り返すだけか、A→Bの「因果関係」か。

簡単なメモでいいから、小見出し段落の終わりに書いておく。すると次に読み返す時に、その文章の内容が一目瞭然となる。論理力を鍛える訓練にもなる。受験生なら現代文、小論文の対策効果にも有効である。

時間に余裕のある人なら、ストックノートをつけるとさらにいい。

次に自分の頭の中で、それを再現してみることである。自分の言葉で人にうまく説明できれば、もはやその文章は完璧に消化され、あなたのものとなる。

私が多くの文章を自分のものとして消化できたのは、現代文の講義で自分の選んだ文章の内容を、すべての生徒が納得できるように説明するという行為を、毎日繰り返していたからである。そうした繰り返しの中で、私自身がいつのまにか別人のごとく変身していったのだ。

もちろん誰もが私のように、教壇で生徒に説明する機会があるわけではない。

そこで身近なところで話し相手を持つといい。家族でも友人でも、恋人でもいい。そうした相手に読んだ内容を、わかりやすく説明してみる。不明な点があったら、遠慮せずに質問してもらう。それも小説や映画ではなく、論理的な文章についてである。

相手になるほどと思わせたら、それで十分だ。そのためには説明できるレベルで読むべきである。

［６章］

論理力を活用する

共感を得る会話力

自分の話す言葉や書いた文章が、他の人から共感を得るには、先に述べた「他者意識」を発揮することだ。

例えば、仕事の取引先や仲間と打ち合わせをするとき、「他者意識」が希薄な人の話し方はたいてい決まっている。頭に思い浮かぶままに話すのである。そのため聞き手にははたして何を言いたいのかがわからず、振り回されてしまう。

聞き手に論理力がある場合はことさらだ。

論理的な人はたいてい物事の関連をいつも考える。

だから二つのことを述べられると、お互いの論理的関係を考えようとする。

ところが論理力のない人は当然、他者意識が希薄なわけだから、思いつくまま脈絡もなく言葉を発してしまう。そうすると聞き手の頭はますます混乱するばかり。話し手はこのような相手の混乱に気づくことなく、得意満面に話を続けることになる。

時には一生懸命説明するあまり、逆に相手を混乱に陥れることもある。本人はこれだけ丁寧に説明したのだから、当然相手はわかってくれていると信じ込む。

ところが次々に新しい情報を提出されると、聞き手には何が話し手の一番言いたいことなのかがわからず、かえって途方に暮れてしまう。

これらは話し方が羅列型になっていて、要点と飾りが区別されていないから、わかりにくくなるのである。

そこでここからは論理を使った話し方に関して触れておきたい。

まずはあなたの話し方を意識することだ。

意識するのは「他者意識」である。

まず自分が言いたいことは相手はわかってくれないものだと考えるくらいでちょうどいい。

自分と生い立ちも、環境も、性格も、教育も、経験も、異なる他者だからである。

どれほど激しい恋愛をしたところで、結婚した途端にお互いの中に他者を見い出し愕然とした経験のある人も多いだろう。それほど人間同士はわかり合えないものなのである。

だから人間は、長い歴史の間に論理という手段を作り上げて、わかり合おうとしてきた。

もしあなたが人に話をするときは、まず話題を提示することだ。今から何について話すのかを明らかにすることで、聞き手は理解しやすくなるのだ。

次に要点と飾りを明確にする。自分の主張したいことが明確であるならば、話がずれたり矛盾したりはしないはずである。

そのために人に何かを伝えるときは、まず何が言いたいのかを明確にすることが必要である。

例えば話し手の主張をAとすると、次の話はそれとイコールか、対立か、因果の関係であって、それ以外の話を持ち出すのは、論理的にはルール違反となる。

主張Aを裏づけるための飾りならば、多くの情報を提示すればするほど、相手はなるほどとなる。

様々なエピソードを紹介したところで、それらは全てA'に過ぎないのである。自己の主張たるAをいつも意識することで、論理が飛躍することはなくなる。

どんな話を展開しようとA＝A'といった、イコールの関係が成立しなければならない。

相手を説得する会話力

自分の主張に賛同を得たいときは、対立関係を意識するべきだ。

誰もが自分と同じ意見であるとは限らない。ましてやあなたが他者意識を持つ時、必ず対立するBが脳裏にあるはずである。

あなたがAだと思っても、必ず反対意見を抱いている人がいる。それを意識する時、論理が自然に生まれる。

この場合あなたは、対立する人に対して、根気を持って反駁しなければならなくなる。実際に反対意見を述べたら角が立つと、遠慮がちになる人もいるかもしれない。それはそれで結構だが、少なくとも反対意見を脳裏において、目配りをすることで、あなたの意見はより説得力を増す。

例えば、自社の商品やあなたの企画をアピールする時、必ず他社の商品、あるいは反対の企画を想起する。あるいは長所だけでなく、短所をいつでも頭に置くと、反対意見を述べられた時でも、すぐにそれに対応することができる。

第一、相手が自分のどの弱点をついてくるかあらかじめ想定できないようだと、論理力があるとは言えない。

だから事前に対立関係を使って考える訓練をしておくのだ。

もちろん自分の意見も相手の意見も生かす方法がある。最も高度な論理的な方法だが、それが弁証法である。

弁証法とは、対立する意見を高い地点で統一する考え方で、要はお互いの長所を生かし、短所を補う考え方である。

例えば、男と女は決定的に異なる生き物である。どちらが偉いのか、どちらが正しいのかとお互いに意地を張れば、永遠に解決がつかないか、どちらかが力づくで屈服させるだけである。しかし、お互いの違いを認め合い、互いの長所を生かすやり方を考えれば解決する。それが弁証法である。

特に新しい企画を提案する時や、対立する二つの企画がある時、弁証法は非常に威力を発揮する。

ただし、弁証法は高度な手法だけにタイミングに応じて弁証法を持ち出すことができるようになるには、日頃からの訓練が必要だ。絶えず対立関係を頭に思い浮かべるようにしておくことが大切である。

プレゼンテーション力を上げる

プレゼンテーションこそ、論理力を発揮するべきものだ。

私は話が下手だからプレゼンテーションは苦手だという人がいたら、それは完全な誤解だ。プレゼンテーションに相応しいのは、話しがうまい人ではない。プレゼンテーションとは立て板に水で喋ることではない。

プレゼンテーションの目的は、自分の主張を聴衆に納得してもらうことである。そのために多少の演出力は必要だ。納得してもらうことが最大の目的だ。納得してもらうには、論理的な構成がしっかりしていることが重要である。

はじめに、話題を提示したら自分の意見、つまり結論を提示する。

その上で裏づけとなる具体例やデータを示して、最後に理由づけをする。

このように筋道を立てて話せば、話は理解されやすくなる。

論理的な構成がしっかりしていると、聞き手は話の先が予想できる。この次はこういう話だなと予想しているところに、その通りの話が来れば、人はやっぱりと納得できるのだ。

逆に予想が外れれば注意と関心が高まり、なぜ予想と違ったんだろうと考えて、より真剣に聞いてくれる。

自分の言いたいことを理解し納得してもらうには、聞き手自身の考えを思い浮かべながら、話を聞いてもらうようにすることが大切なのだ。そうすれば、もし相手が反対意見を持ったとしても、きちんとその理由や根拠を挙げてくれる。

ビジネスで必要なのは、主張とその具体例である。

自社の商品を勧めたり、企画を通したいなら、必ず成功した例をいくつか持ち出し、それがなぜ成功したのかを論証するべきである。

なんの根拠もなしにただ商品を買ってくれ、企画を採用してくれでは、相手はあなたへの信頼自体を疑ってしまう。

説得力のあるプレゼンテーションを行うには、論理のルールを使いこなすことが重要だ。論理とは「イコールの関係」「対立関係」「因果関係」の3つである。この3つを駆使して、自分の言いたいことを相手に伝えるのである。

語学力を上げる

言語とは一定の規則にしたがったもので、極めて論理的なものだ。その点においては日本語も英語も変わらない。だから日本語で論理力を上げれば、どのような言語でも習得は格段に速くなる。

一文は、「要点」と「飾り」からできている。だからどんな複雑な文であっても、要点をつかまえれば内容はわかる。

「要点」とは主語、述語であり、「飾り」とはそれを修飾する言葉（英語なら目的語）だ。この構造は日本語も英語も変わらない。

ところが主語や述語といった要素は概念である。例えば「このコップ」と言っても特定のコップを指すことにはならない。

コップという言葉は、世界中にあるコップすべてを表す抽象語である。

言葉というものは抽象度が高ければ高いほど、より多くの人にとって必要な情報になるが、抽象だから誰にとってもピンとこない。「論理とは筋道だ」と10回言ったところで、人間はそれを具体化しないと理解できないのだ。

だから、身近な経験とか具体例などを挙げる。「私が子どもの頃から使っている赤いコップ」など、飾りの言葉をつけることによって、世界でたった一個のコップを示すことができる。

一文が要点と飾りでできているという点では、日本語だろうと英語であろうと変わらない。長文でも短文でも変わらないし、もっと言えば、現代文も古文でも漢文でも変わらないのである。

そのことさえわかれば、英文を日本語に訳す時も、主語と述語はこれで、それを修飾する言葉はこれだと論理で考えれば、おかしな日本語にはならない。英作文をする時も、すぐに頭の中で分解して正確な文章が書ける。

そういう基本的な言語の構造を理解せず、「S＋V」とか「S＋V＋O」などと構文で教えるからわかりにくくなるのだ。

注意しなければいけないのは言語によって規則は異なるということだ。特に日本語と英語では規則がまったく違う。たとえば、同じ要点、飾りといっても、日本語は述語が一番最後に来るが、英語は最初に来る。それが「S＋V」である。そこを混同してはいけない。

このことを理解することなく、文法などいらない、というのはおかしな話だ。

文法は言葉の規則だから、しっかりと頭に入れてしまわなければならない。文法の知識がないまま単語だけ覚えて英会話をしたところで、膨大な時間がかかるだけだ。ところが、文法が暗記科目になってしまっているところに、日本の教育のおかしさがある。言語は論理だということが理解ができれば、読み書きなら英語も中国語も、日本語も自在に同じように使えるようになるはずだ。「はず」というのは、私が喋れるわけではないから、そう言っているが、私の指導を受けた子どもたちはできるようになっている。

外国語が話せるようになるには

ただし、それで話せるようになるかは別の話である。論理が理解できたとしても、喋れるようにはならない。会話は、習熟するかどうかにかかっている。身体化と言ってもいいだろう。要は身につくかどうかということだ。

アメリカ人は、子どもの時からずっと英語だけの中で暮らしているから、喋れるようになる。日本人が日本語を喋るのとまったく同じである。

子どもを英会話教室行かせたところで、習熟はできない。日本の中にそういう環境がないからである。しかし海外で1年も暮らせば、喋れるようになる。学問や論理とはまったく関係がなく、環境の問題なのだ。

その意味で、小学校から英語を教えるというのは意味がわからない。小学校で週1時間を英語にあてたところで、習熟することはない。

本当に喋る必要があるなら、絶えず英語に触れるような環境に一定期間身を置く必要がある。そのためには留学するか、インターナショナルスクールに入るか、あるいはすべてを英語でやっているような学校に通うしかない。

英語で話さなければ生活できない環境に身を置けば、自然に話せるようになる。

リーダーシップを磨く

リーダーというのは、その発言に重みがなければならない。発する言葉に力がなければ人は動かせない。

ビジネスの場面において一番重要なのは「理由づけ」である。どんな指示や提案も、なぜそれが一番有効なのかということをすぐに説明できないようでは説得力に欠けてしまう。

どんな主張であれ、必ず理由と一緒に考える習慣をつけてほしい。こうした思考の習慣をものにすることは、国際社会で活躍する上でも有効なことである。

あとがき

英語では、自己主張する時は必ずと言っていいほど、そのあとに理由が述べられる。子どもの頃から必ず理由づけをするよう習慣づけられていることが影響しているのかもしれない。

欧米では子どもが何かを言うと、必ず母親は「ＷＨＹ」と聞き返す。

あなたにも相手の意見に対しては必ず頭の中で、「ＷＨＹ」と聞き返す習慣を身につけてほしい。それと同時に、自分の考えに関しても頭の中で、「ＷＨＹ」と自問自答することが大切なのだ。

まずは、あなたの話し方がはたして論理的であるかどうかを意識してみよう。

次に相手の話し方を意識する。

やってみると、人がいかに思いつきや気まぐれで話をしているかということに気がつくだろう。実はたいていの人が論理的に話をしてはいないのである。

もしあなたがリーダーなら、わずかに論理を意識するだけで反応が違ってくるはずだ。周囲の人もあなたを信頼し、今までとは異なった人間関係が構築されるだろう。

自分の生き方を変えることなど、それほど難しいことではない。あなたの言葉の使い方を、ほんの少し変えるだけでいいのである。そうすればあなたの頭脳が変化し、他の人とのコミュニケーションの仕方が変わる。その結果、相手の信頼を勝ち取る。周囲の人から信頼されるようになる。当然仕事はうまくいき始め、あなたの人生は確実に変わる。

人生を変えることは、世間が考えるほど難しいことではないのである。会話を通して、論理的な頭の使い方に徐々に変えていけばいい。

論理力は習熟しなければ何の意味もない。習熟するには、日々日常的に論理を意識するしかないのである。

本書では、読書について様々な角度から私なりの考え方とその方法論を述べてきた。

読書によって教養を身につけるには、論理力が必要であるということが、おわかりいただけたのではないか。

読者の方々にはこれから、本書で解説した論理を意識しながら、名作と呼ばれる作品を次々に読破してほしい。読書を通じた文豪との対話は、必ずあなたの頭脳を明晰にして視野を広げ、眠っていた感性を研ぎ澄ませることだろう。その体験があなたに教養をもたらすのだ。

ＡＩやロボットの活躍によって、社会はより便利になっていく。だが一方で人間からものを考える力も奪われていくことを忘れてはならない。

ものを考えることを放棄した人間は、危うい。怪しい情報をたやすく受け入れてしまう。結果、一部の人間に都合のいい情報に踊らされ、怪しい情報も鵜呑みにし、それを真実だと思い込むようになる。やがてフェイクニュースに人生を簡単に操作されるようになる。そうなれば人間が人工知能によって支配されるという、まるでＳＦ映画のような世界も現実になってしまう。

ＡＩが活躍する時代に、人間に問われるのが教養だ。教養ある人間はものごとの真偽を見抜き、危険な道を避ける。そして自分が進むべき道を探り当てる。そうして自分らしい生き方を歩むのだ。

教養が人間にもたらすものは様々だが、中でも想像力は非常に重要だ。想像力は新しいものを生み出すための創造性をもたらす。それがこれからの社会をより良くするための源泉になる。

読者の方々には、読書によって身につけた創造力を、惜しみなく日々の仕事や社会活動に活かしてほしい。そうした意味から、本書では終盤に仕事の具体的なシーンを想定した論理力の活用法を提案した。読書によって身につけた力を、社会で活かしてもらいたいという私の願いからである。

教養はその人の生き方に深く影響を与え、人生をより充実したものにするのは確かだが、それだけでは自己満足である。教養を身につける意義とは、それを社会に活かし、自らが自分にふさわしい人生を生きるとともに、よりよい社会を創造していく力にするところにあると私は考えている。

［付録］

これだけは絶対に読んでおきたい本

名作ガイダンス50作品

好きな作品から読み始めても構わないが、以下の順番で名作を読みこなすとより効果的である。

第一段階

教養を身につけるには、まず鷗外と漱石の作品を熟読することから始めるべきである。両作家の作品により濃厚な文体に慣れると同時に、近代という時代の背景を理解し、人間の奥底にある深淵をじっくりと読み取ることができる。特に漱石の作品はその主題の深さ、描写の見事さをじっくりと味わって欲しい。鷗外・漱石の作品を味わうことができたなら、どんな文学作品も鑑賞できるようになったはずである。

◎森鷗外

1「舞姫」

近代文学の出発点となる作品。流麗な雅文体をまず味わって欲しい。豊太郎と貧しい踊り子エリスの悲恋だが、近代的自我がいかに押しつぶされていくのか、その背後に時代の問題が隠されている。

2「山椒大夫」

まずは端正な文体を鑑賞して欲しい。見事な文章で描かれた、鷗外最高傑作の一つ。安寿の受難が何とももの悲しい。犠牲的な死を決意した安寿の目に映る風景描写を丁寧に読み取ってほしい。

◎夏目漱石

3「吾輩は猫である」

明治の知識人たちの会話は難解ではあるが、非常に機知に富み、刺激的である。俗物の権力者たちに立ち向かう知識人だが、結局は敗北してしまう。そうした知識人たちのありようを猫の視点から観察し、漱石はそれをユーモアに変換していくのだが、これこそが真のユーモアと言えるだろう。

4「坊っちゃん」

「吾輩は猫である」に続く、長編第二弾。歯切れ良く、たたみ掛けるような文体で、非常に読みやすく、痛快である。ただし、ここでも正義が必ずしも勝つのではなく、結局坊っちゃんは赤シャツと野だいこを殴った後、辞表を叩きつけ、「不浄の地」を後にすることになる。

5「夢十夜」

10の話を夢として表現した作品で、幻想的な作風となっている。漱石は合理的に説明できないものに人間の本質を認め、それを夢という形を取って表現しようとする。あるいは、夢という形を借りて、自分の潜在意識や存在の根底にあるものを浮き上がらせようとする。

6「それから」

長井代助は大学卒業後職に就かず、生活費の一切を父と兄に頼っていた。矛盾に満ちた実社会に組み込まれることを拒否したのである。そうした代助の元に三年ぶりに平岡と三千代の夫婦が上京する。二人の間を取り持ったのが代助だったのである。東京に戻ってきた平岡夫婦はすっかりと変わってしまっていた。本当は三千代を愛していたと気づいた代助は社会的に葬り去られることを覚悟し、それでも自然に生きようと三千代に自分の本心を告白する。

7 「思い出す事など」

漱石は胃病のため医者から療養を勧められ、修善寺温泉に長期滞在しようとした。ところが、そこで大量に吐血し、三十分間心臓が止まり、医者から臨終を宣告される。その後、奇跡的に回復するのだが、その三十分間漱石には何の記憶もなかった。結局胃病は治らず、漱石は血を吐きながら、その後の後期三部作「彼岸過迄」「行人」「こころ」と書いていく。漱石文学の転機となる臨死体験を綴った随想。

8 「行人」

ある時、一郎は弟の二郎に妻の貞操を試してくれと頼み込む。二郎、妻はお前を愛しているのではないかというのである。実は一郎は妻の魂を掴みたいと狂おしく思っていたのである。何のために生きているのか、自分とは何なのか、それをしっかりと掴まない限り、一郎は不安で仕方がない。愛する人の魂を掴みたいという強烈な願望も、その延長線上にあるのである。一郎が怯えるのは、「頭の恐ろしさ」ではなく、「心臓の恐ろしさ」である。「死ぬか、気が違うか、それでなければ宗教に入るか」と一郎はいう。そこには晩年の漱石の根源的な苦悩が告白されている。

9「こころ」

「先生と私」「両親と私」「先生の遺書」の三章からなる作品。第一章と第二章ですべてが明らかにされることになる。帰省した「私」は父が危篤状態なのにもかかわらず、先生からの手紙を手にして、東京行きの夜汽車に飛び乗る。手紙には先生の遺書というもので、そこには自分が親友のKを出し抜いてお嬢さんと結婚したこと、Kが自殺したこと、「明治の精神」に殉死することなどが綴られている。「こころ」は漱石が新しい時代を生きようとする「私たち」に吐血の言葉を投げかける、遺言とも言える作品である。

10「道草」

漱石唯一の自伝的な作品で、完成された最後の長編である。この後「明暗」執筆中に漱石は完成させることなく、胃病で死去してしまう。「道草」はロンドンから帰国してから、「吾輩は猫である」を執筆する時期までの出来事を綴ったもので、自分の生い立ちなどを織り交ぜて、苦渋に満ちた筆致で書き上げている。

明治の文豪、鷗外と漱石を読んだ後、大正時代を代表する芥川龍之介、昭和初期から戦後を代表する太宰治の作品を読むべきである。これらは比較的に短編が多く、文体も読みやすいものになっているので、文学の楽しさを享受することができるはずである。

第二段階

明治の文豪の次に読むのは、芥川龍之介と太宰治である。時代は大正から昭和にかけてで、戦争の影が背後にある。芥川と太宰はどちらも自殺した作家であるが、まさに私たちに代わって全人類の苦悩を背負っていったかのような生き方をした。そして、珠玉の作品を数多く残していったのである。どちらも作品によって巧妙に文体を変えた作家なので、文章の妙も味わって欲しい。

◎芥川龍之介

11「地獄変」

「宇治拾遺物語」の「絵仏師良秀」を題材にした作品。平安時代、良秀は天下一の腕前を持つ巧妙な絵仏師だったが、醜悪な容貌と高慢な性格から悪い噂が絶えることがなかった。ところが、一人娘は親に似つかわしくない美貌と優しい性格を持っていた。その娘は権勢を誇っていた堀川の大殿に見初められ、屋敷に上がった。ある日、良秀は大殿から「地獄変」の屏風を描くように命じられたのだが、彼は実際に見たものしか描けないと、車の中で美しい女が生きながら焼かれ、悶え死ぬのを見せて欲しいと嘆願する。当日、目の前で美しい車が燃やされるのを見せられたのだが、良秀はその中で縛り上げられ焼け焦がれていくのが自分の愛する娘だと知った。まさに芸術至上主義的な作品である。

12 「藪の中」

今昔物語の一説話を題材にした「王朝物」の最後の作品。平安時代、ある強姦殺人事件について、検非違使が関係者を取り調べるという形で話が進行し、それぞれの証言が微妙に異なることによって、何が真実なのか分からなくなるという仕掛けとなっている。そこから真相が分からなくなることを「藪の中」というようになった。

13 「歯車」

昭和二年、芥川の服毒自殺後、「或阿呆の一生」と共に遺稿として発表された。ストーリーらしいストーリーはなく、芥川自身の精神が次第に蝕まれ、自殺へと追い詰められていく過程が象徴的に描かれている。「レイン・コート」「赤い色」「飛行機」といったものが現実と妄想の中で現れ、何が現実なのか妄想なのか分からなくなる。「僕」は日常の些細なことにまで不吉な予兆を感じるようになり、死の予感に怯え出す。夜の東京を逃げ回るように徘徊したのだが、次第に視界に半透明な歯車が回り出すのが見え始める。

14 「或阿呆の一生」

自殺を前に自分の生涯を振り返って、その忘れられない光景を象徴的な文章で綴ったもの。五十一の断章から成り立っているが、二番目に「母」と題された文章がある。精神異常をきたした母の思い出である。四十九の「白鳥」では、この「或阿呆の一生」を書き上げた後の心境として、「彼は彼の一生を思い、涙や冷笑の込み上げるのを感じた。彼の前にあるものは唯発狂か自殺かだけだった。彼は日の暮の往来をたった一人歩きながら、徐ろに彼を滅しに来る運命を待つことに決心した。」と書き残した。発狂か自殺か、神を信じることができなかった芥川には救いは残されていなかったのだ。

◎太宰治

15 「思ひ出」

昭和七年の夏、二十三才の太宰治は「思ひ出」を書き始め、昭和十一年処女出版となる「晩年」に収めた。最初の本に何故「晩年」という題をつけたかというと、太宰はこの作品集を「遺書」として書いたからである。「思ひ出」は自殺をする前に自分の過去を飾らずに書こうとしたもので、かなり自伝的な要素が強い。その中でも、小間使いのみよとの淡く切ない恋情に伺われるように、色彩豊かな叙情性も秀逸である。

16
「道化の華」

この作品は太宰治の鎌倉心中事件を題材にしている。銀座のカフェの女給であった田部シメ子と出会った太宰は、無名の画家との貧しい結婚生活に疲れ果てた彼女に親近感と恋情を感じ、二人して鎌倉の海に身を投げた。女は死に、太宰だけが救助された。太宰は自殺幇助罪に問われたが、取り調べの上起訴猶予となった。この事件によって太宰は生涯罪の意識に苛まれることになる。この事件を題材にした作品として、他に「狂言の神」「虚構の春」などがある。

17
「東京八景」

二十一歳の時、東京で一人暮らしを始めてから、石原美知子と結婚するまでの約十年間の狂乱時代。その間、太宰は非合法であった共産党活動のため東京を転々とする。その時の実体験に材を取った自伝的小説。

18 「駆込み訴え」

イエスを売ったユダの告白という独自の文体で綴られたこの作品は、ユダがイエスを死ぬほど愛しながら、自分の愛に応えてくれないイエスに憎しみを抱き、ついには裏切ってしまうという話である。強い者より弱い者へ、正義よりも罪を犯した者に心を寄せるという太宰の価値観にこの作品は支えられていると同時に、太宰のキリスト教への関心が読み取れて興味深い。

19 「富嶽百景」

「東京で見た富士は苦しい」と、「私」が絶望のどん底であることとの告白から始まる。やがて、思いを新たにするつもりで、「私」はカバン一つを持って甲府に出かける。眼前の富士の様々な姿に自らの心象を投影していくのだが、次第に魂が救済され、人の親切を素直に受け入れようとする。その終着点がお見合いなのである。

20「斜陽」

戦後間もなく刊行された「斜陽」は空前のヒットをし、太宰は一躍流行作家に。世の中には斜陽族が出没するありさまだった。終戦の年、貴族の娘かず子は母と二人で伊豆の小さな山荘に引っ越した。経済状態が逼迫してきたためである。翌年、南方に兵隊に行き消息を絶っていた弟の直治がアヘン中毒にかかって帰ってくる。それが地獄の始まりだった。

21「人間失格」

昭和二十三年、「人間失格」は六月から八月にかけて雑誌「展望」に連載された。苦悩に満ちた前半生を再度見直し、文学作品として結実させようとした試みだった。ところが、六月二十三日、太宰は山崎富栄と玉川上水に入水する。作品の後半は、太宰の死後発表されたもので、「人間失格」はまさに「遺書」とも言うべきものだった。

第三段階

鷗外・漱石・芥川・太宰を読むことで、近代文学の成果を大きく掴むことができるはずである。あとは島崎藤村、樋口一葉辺りを是非押さえておきたい。

◎島崎藤村

22「破戒」

明治末に刊行された自然主義文学の記念碑的作品。自費出版であるが、藤村はそのために生活費を切り詰め、その間三人の子どもが次々と栄養失調で死んでいる。

23「新生」

島崎藤村は姪のこま子と近親相姦を犯し、妊娠した彼女を残して、一人フランスに旅立つ。そうした過去を告白した作品。

24「夜明け前」

藤村の父親島崎正樹をモデルにした、一種の歴史小説。藤村は幕末から明治にかけての激動期を生き抜いた青山半蔵を巡る人間群像を描き出す。半蔵は最後に狂人として、座敷牢の中で病死していく。

◎樋口一葉

25「たけくらべ」

二十四才六ヶ月で病死した、天才女流作家の代表作。擬古文で慣れないと読みにくいかも知れないが、その卓越した叙情性をぜひ味わって欲しい。

第四段階

以下、作品だけを挙げておくが、どれも読まずに死ぬのはもったいない名作ばかりである。

◎宮沢賢治……**26「注文の多い料理店」　27「銀河鉄道の夜」**

◎三島由紀夫……28「潮騒」　29「春の雪」

◎谷崎潤一郎……30「春琴抄」　31「細雪」

第五段階

次に戦後活躍した大家の作品を挙げておく。

◎遠藤周作……32「沈黙」　33「死海のほとり」

◎川端康成……34「掌の小説」　35「伊豆の踊子」　36「眠れる美女」

◎島尾敏雄……37「死の棘」

◎福永武彦……38「死の島」

第六段階

最後に現代文学の最高傑作をあげておく。

◎中島敦……39「悟浄歎異」 40「光と風と夢」
◎安部公房……41「壁」 42「R62号の発明」 43「砂の女」
◎村上春樹……44「ダンス・ダンス・ダンス」 45「ねじまき鳥クロニクル」
◎村上龍……46「限りなく透明に近いブルー」
◎三浦綾子……47「氷点」 48「塩狩峠」
◎筒井康隆……49「大いなる助走」
◎庄司薫……50「赤頭巾ちゃん気をつけて」

出口 汪　でぐち ひろし

関西学院大学大学院文学研究科博士課程単位修得後退学。広島女学院大学客員教授、論理文章能力検定評議員、出版社「水王舎」代表取締役。カリスマ現代文講師として、大教室を満室にし続けるなど、圧倒的な人気を得て、数十点に及ぶ受験参考書がベストセラーに。また、論理力を養成する画期的プログラム「論理エンジン」を開発、多くの学校にも採用されている。主な著書に、『出口汪の新日本語トレーニング』(小学館)、『出口汪の「最強!」の記憶術』(水王舎)、『日本語の練習問題』(サンマーク出版)、『源氏物語が面白いほどわかる本』(KADOKAWA)、『頭がよくなる! 大人の論理力ドリル』(フォレスト出版)、『システム中学国語』『出口のシステム現代文』シリーズ(共に水王舎)など。小説に『水月』(講談社)がある。

オフィシャルサイト【 出口汪の頭が良くなる「論理エンジン」メルマガ】のご登録受付中!!
http://www.deguchi-hiroshi.com/
公式ブログ　http://www.ronri-engine.jp/　http://ameblo.jp/deguchihiroshi/
Facebook　http://www.facebook.com/deguchi.hiroshi
Twitter　@deguchihiroshi

構　　成　大島七々三
デザイン　高橋美保

本物の教養を身につける
読書術

発 行 日　2019年3月20日

著　　者　出口　汪
編　　集　大木淳夫

発 行 人　木本敬巳
発行・発売　ぴあ株式会社
〒150-0011 東京都渋谷区東1-2-20 渋谷ファーストタワー
編集:03(5774)5262 販売:03(5774)5248
印刷・製本　中央精版印刷株式会社

ISBN 978-4-8356-3912-3